海上丝绸之路精神
融入高校教育管理的研究与实践

——基于对大学生的招生、培养视角

陈捷 著

·广州·

版权所有　翻印必究

图书在版编目（CIP）数据

海上丝绸之路精神融入高校教育管理的研究与实践：基于对大学生的招生、培养视角/陈捷著．—广州：中山大学出版社，2024.11
ISBN 978-7-306-08263-3

Ⅰ．G640

中国国家版本馆 CIP 数据核字第 20242FR049 号

出 版 人：	王天琪
策划编辑：	廖丽玲
责任编辑：	廖丽玲
封面设计：	林绵华
责任校对：	梁嘉璐
责任技编：	靳晓虹
出版发行：	中山大学出版社
电　　话：	编辑部 020-84110283，84113349，84111997，84110779，84110776
	发行部 020-84111998，84111981，84111160
地　　址：	广州市新港西路 135 号
邮　　编：	510275　　传　真：020-84036565
网　　址：	http://www.zsup.com.cn　　E-mail：zdcbs@mail.sysu.edu.cn
印 刷 者：	广东虎彩云印刷有限公司
规　　格：	787mm×1092mm　1/16　7.5 印张　115 千字
版次印次：	2024 年 11 月第 1 版　2024 年 11 月第 1 次印刷
定　　价：	28.00 元

如发现本书因印装质量影响阅读，请与出版社发行部联系调换

本书由教育部 2023 年度高校思想政治理论课教师研究专项一般项目"'大思政课'视域下港澳台学生国情教育实践课程建设研究"（项目编号：23JDSZK048）资助，并为该项目阶段性成果。

前　言

从汉唐之际起始，海上丝绸之路文化历经 2000 多年的发展传承至今，蕴含着丰富的内涵，形成并一直保持自身所独具的特色，对中西方之间的贸易往来、文化交流都产生了深远的影响。海上丝绸之路精神是以和平合作、开放包容、互学互鉴、互利共赢为基本内涵的与时俱进的精神。高校作为意识形态的前沿阵地，要积极从海上丝绸之路精神中汲取丰厚养分和丰硕资源，着力引导大学生树立正确的世界观、人生观、价值观，并使大学生保持对中华优秀传统文化的自信、耐力和定力。

随着我国高等教育事业的迅速发展，全国高校的招生规模得到一定程度的扩张，招生方式越来越多样化，招生范围也随之扩大。就华侨学生招生制度改革而言，各方学者仁者见仁，智者见智，但如果借鉴中华优秀传统文化（如海上丝绸之路文化等）并从中获得裨益，不仅可以为当前侨生招生改革延拓思路，还可以为高校招生制度的不断完善提供理论和现实支撑。

将海上丝绸之路精神融入高校思想政治教育之中，可以丰富思想政治教育内容，增添思想政治教育特色，并提高思想政治教育的实效性。高校要以课堂传授为主要渠道，将海上丝绸之路精神寓于思想政治理论课教学中；以课外活动为辅助手段，用海上丝绸之路精神促进思想政治教育实践育人；以校园文化为重要载体，将海上丝绸之路精神融入思想政治教育体系建设；以新媒体宣传为助推动力，借海上丝绸之路精神开创思想政治教育新格局。通过精心设计思想政治理论课教学内容、构建教师学生双向互动的教学导向、不断创新思政课课堂教学模式、运用地方资源实现教学手段的多元化等途径促进中华优秀传统文化充分融入思想政治理论课教学之中，有助于全面提升大学生综合素质水平，开创新时代高校思想政治教育工作新局面。

高校要加强对校园文化建设的规划和指导，重点突出校园文化的先进性和开放性。从组织上、制度上、方法上建立并完善校园文化建设的导向机制，将对社会信息的反馈、筛选等外部导向机制，与学生自我管理、自我约束的内部导向机制相结合，通过多种潜移默化的作用形式，促进海上丝绸之路精神发展与校园文化建设朝着积极健康高效的方向持续发展。

陈捷
2024 年 3 月 10 日

目　录

第一章　绪论 …………………………………………………… 1
　第一节　研究意义 ……………………………………………… 1
　第二节　国内外研究综述 ……………………………………… 6

第二章　海上丝绸之路精神的内涵及时代价值 …………… 23
　第一节　海上丝绸之路精神的内涵 …………………………… 23
　第二节　海上丝绸之路精神的时代价值 ……………………… 35

第三章　海上丝绸之路精神融入高校招考改革探析 ……… 37
　第一节　高校大学生招考制度的变迁 ………………………… 37
　第二节　高校大学生招考面临的挑战 ………………………… 43
　第三节　高校大学生招考改革的现实路径 …………………… 45

第四章　海上丝绸之路精神融入大学生思想政治教育的路向 …… 50
　第一节　海上丝绸之路精神在高校思想政治教育中的价值体现 … 51
　第二节　海上丝绸之路精神融入思想政治教育的路径 ……… 55

**第五章　海上丝绸之路精神在大学生思想政治理论课教学中的
　　　　　运用** ……………………………………………………… 59
　第一节　中华优秀传统文化对于思想政治理论课的价值 …… 59
　第二节　高校思想政治理论课教学存在的问题 ……………… 62
　第三节　海上丝绸之路精神融入思想政治理论课教学的路径 …… 64

第六章　海上丝绸之路精神融入校园文化建设的应然理路……83
第一节　海上丝绸之路精神融入校园文化建设的现实意义……83
第二节　海上丝绸之路精神融入校园文化建设的原则机制……90
第三节　海上丝绸之路精神融入校园文化建设的实践路径……94

参考文献……105

第一章 绪论

海上丝绸之路精神（以下简称"海丝精神"）是以和平合作、开放包容、互学互鉴、互利共赢为基本内涵的与时俱进的精神。高校作为意识形态的前沿阵地，要积极从中华优秀传统文化中汲取丰厚养分和丰硕资源，着力引导大学生树立正确的世界观、人生观、价值观，并使大学生保持对中华优秀传统文化的自信、耐力和定力。将海丝精神融入高校教育管理，并将其作为校园文化建设的文化源泉和动力，是传承和发扬中华优秀传统文化的重要途径。

第一节 研究意义

从汉唐之际起始，海上丝绸之路文化（以下简称"海丝文化"）历经2000多年的发展传承至今，其蕴含着丰富的内涵，形成并一直保持自身所独具的特色，对中西之间的贸易往来、文化交流都产生了深远的影响，发挥着不可替代的作用。2014年6月，习近平主席在中阿合作论坛第六届部长级会议开幕式上发表了《弘扬丝路精神，深化中阿合作》的讲话，指出："千百年来，丝绸之路承载的和平合作、开放包容、互学互鉴、互利共赢精神薪火相传。"[1] 2015年3月，国家发展和改革委员会、外交部和商务部联合发布《推动共建丝绸之路经济带和21世纪海上丝绸之路的愿景与行动》，积极响应习近平总书

---

[1] 习近平：《弘扬丝路精神，深化中阿合作——在中阿合作论坛第六届部长级会议开幕式上的讲话》，中国政府网（https://www.gov.cn/xinwen/2014-06/05/content_2694830.htm）。

记的号召，把"和平合作、开放包容、互学互鉴、互利共赢"十六字升华为海丝精神的要义和内涵。2016年7月，教育部印发了《推进共建"一带一路"教育行动的通知》，指出教育在共建"一带一路"中具有基础性和先导性作用。为了实现中华民族伟大复兴，除坚持道路自信、理论自信、制度自信外，必须增强民族自信，而民族自信的关键是对中华优秀传统文化的自信。

对于高等教育而言，海丝文化中所蕴含的丰富教育资源，对推进高校思想政治工作、提高高校素质教育和道德教育等有重要的意义，同时也是当前中华优秀传统文化继承与传播不可忽视的重要力量。海丝精神体现了勇于探索、开放包容、合作共赢等特质，对高校教育管理具有重要的影响。这种精神能够激发高校教育管理者的创新意识和进取精神，鼓励他们在教育管理实践中勇于尝试新方法、新模式，以适应不断变化的教育环境。其所蕴含的开放包容理念，有助于高校营造多元、包容的教育氛围，促进不同文化背景的学生和教师之间的交流与融合，培养学生的全球视野和跨文化交流能力。合作共赢的精神可以引导高校加强与国内外高校、企业及社会各界的合作，整合资源，共同推动教育事业的发展，提升高校教育管理的水平和质量。另外，弘扬海丝精神有助于培养学生的使命感和责任感，使他们在未来的学习和工作中积极为社会的发展做出贡献。

一、学术价值

海丝精神是中华民族宝贵的精神财富，是对中华优秀传统文化源头的深度挖掘，更是优秀传统文化内容的有机组成部分。把千百年来的海丝精神融入高校思想政治教育的研究正是对中华优秀传统文化在教育上的基础性和先导性作用的有效实践，有助于大学生树立正确的世界观、人生观和价值观，有助于大学生综合素质的提高，有助于大学生创新精神的培养。从更深层次来讲，海丝精神的培养对提高国家文化软实力建设、增强文化自信、占据文化制高点、加大我国文化话语权、提升文化传播力等具有重要的建设性意义。

其一，有助于推动高校思想政治教育理论创新。面对当前经济全球化、文化多元化的现状，中华优秀传统文化正遭受外来文化的强烈冲击，大学生的思想波动性加大。面对严峻的就业形势、社会利益分配差距以及个人利益与集体利益的矛盾等问题，一些大学生的道德调控能力失去平衡，甚至造成价值观念的迷失。将海丝精神融入高校教育管理，促进多元文化的相互交融，取其精华，去其糟粕，是对新时代大学生思想政治教育的一项重要挑战，更是对高校思想政治教育理论创新的迫切要求。

其二，有助于完善校园文化建设的理论体系。长期以来，高校校园文化的形成、特征及其构成规律为校园文化建设的运行机制提供了理论支撑，同时人们对校园文化建设的探讨也不断推出新的研究思路和方向。把海丝精神融入高校校园文化建设，可以充实校园文化建设理论研究的内容，其包含的十六字精神内涵，为人们研究校园文化建设的理论体系指明了方向，可以作为研究指导方法，也可以作为研究内容，进一步完善校园文化建设的理论体系，拓展和深化校园文化的研究层次。

其三，有助于丰富高等教育理论改革内容。随着国家经济等领域步入新常态，高等教育改革也随之深入推进，高校校园文化建设面临许多前所未有的新情况、新问题。多种思想文化、价值观念、生活方式等相互激荡，必然给高校校园文化带来更加深刻的影响。随着物质文化水平的提高，广大师生员工对精神文化的需要更趋多样化；网络文化的兴起及其负面效应的凸显，使校园网络文化阵地的建设更加迫切；高等教育改革不断深化，人才竞争日益激烈，使广大学生发展个性、拓展素质的要求更加强烈；高校办学规模的扩大，使校园文化建设更难以满足广大师生的需要。而对海丝精神所包含的开放包容等内容的有效研究，可以丰富校园文化建设所面临的新窘境，可以为现阶段高等教育内容改革提供宝贵的资源和财富。对教师来说，可以将海丝精神所蕴含的丰富内涵融入日常的教学内容和教学方式方法之中；对学生来说，要以海丝精神严格要求自己，在学习文化知识的过程中树立正确的世界观、人生观和价值观；对高校管理层来说，要以海丝精神作为出发点和培育目标加强高校管理。因此，对海丝精神的研究符合广大师生对新时代高等教育内容的更高层次的要求，这就对高等教育理论的改革提出了新的挑战，并对高等教育理论内容的改革起到一定的促进作用，从而启发教育改革理论研究的新思路和新方法。

二、应用价值

大学生作为接受高等教育的特殊群体，肩负着文化传承的历史使命，理应是中华优秀传统文化的继承者和传播者。大学校园是传播知识、以文化人活动为主的重要场所，也理应成为传承文明、推动社会发展的重要基地。把海丝精神融入高校日常教育管理中，深入发掘海丝精神所蕴含的优秀传统文化，对培养大学生的文化产业意识，增强我国文化产业在沿线国家乃至世界范围内的影响力至关重要。

其一，有利于增强大学生思想政治教育的实效性。首先，建设校园文化是高校思想政治教育开展的重要手段，对海丝精神融入校园文化建设进行研究，有利于探索新时期新形势下对大学生进行思想政治教育的新路径，更有利于结合本校的特色校园文化来培养具有特色的人才。其次，海丝文化和海丝精神可以作为思想政治教育的载体，具有思想政治教育功能，通过加强海丝精神对校园文化建设的融入，能够更好地发挥其隐性教育作用，激发思想政治教育活力，拓宽思想政治教育途径，增强思想政治教育的实效性。通过对海丝精神融入高校教育管理的研究，可一定程度地缓解校园文化建设和思想政治教育在实践工作中互相脱节和分离的状况，从而为培养大学生形成合力，为高校校园文化建设与思想政治教育工作带来新的生机与活力。

其二，有利于提高大学生综合素质，培养社会主义现代化建设人才。大学校园作为知识与文化传承的最重要的阵地，担负着知识创新、传播文明、培养人才的历史使命。海丝精神作为高校教育的组成部分，具有重要的育人功能，对提高大学生综合素质，推动高校整体发展有重要意义。海丝精神作为校园文化建设的重要一环，有助于培养全面发展的高素质创新人才。高校的精神风貌、人文底蕴，虽然不是显性的，不为人眼所见，但能为广大师生所切身感受和感知，它在潜移默化中深刻影响大学生的思想成长和行为养成。高校人才的培养是一个系统工程，多元的校园文化建设，会积极促进不同学科间的交叉融合，可以为传授知识提供有力支撑。高校应从培养人才的使命出发，以海丝精神弘扬推进人才联合培养计划，推进"一带一路"沿线国家间的研修访学活动，特别是在语言、交通运输、建筑、医学、能源、环境工程、水利工程、生物科学、海洋科学、生态保护、文化遗产保护等领域培养沿线国家发展急需的专业人才，推动人才培养模式的国际化。

其三，有利于丰富校园多元文化，提升高校核心竞争力。我国有丰富灿烂的历史文化，在经济全球化发展形势下，我国传统文化与西方文化交流频繁，西方文化对我国传统文化的影响力也是越来越大，中西文化的交流对撞使得作为社会文化先导的校园文化出现较大波动，学生的思想有很多不稳定因素。因此，研究海丝精神所倡导的"尊重文明多元化、道路多样化"，并使其融入大学校园文化建设，有着积极的现实意义：可以促进文化本身的发展进步，可以继承、弘扬和发展我国优秀传统文化，还可以保持中华民族的独立性，从这一点看，其对于维系我们民族和文化的多样性具有积极贡献。在日益开放包容的今天，随着各种类型生源的增加，"一元主导，多元交融"的校园文化将会对校园文化建设的发展起到积极的推动作用，有助于营造和谐、包容的校园文化氛围，以文化强校带动院校吸引外来学子和人才，提升高校的核心竞争力。

其四，有利于增强民族文化自信和文化话语权。文化自信是我们对自身文化价值的充分肯定和对自身文化发展的坚定信心。将海丝文化和海丝精神融入校园文化建设在一定程度上增强了师生对中华民族的文化自信，坚定了高校师生对发展社会主义先进文化的信心。海丝精神是人类文明的重要组成部分，其倡导的和谐、大同、天人合一、厚德载物、自强不息、辩证思维等价值观，是人类社会最重要的价值观。因此，必须要坚持和发展海丝精神，坚定民族文化自信，增强我国文化实力和影响力，在国际上拥有文化话语权。

第二节　国内外研究综述

海上丝绸之路是古代中国与世界其他国家或地区进行经济文化交流的海上通道，是不同国家、民族经济文化交流的重要桥梁。"丝绸之路"的提法最早是1877年由德国地理学家李希霍芬（Ferdinand Freiherr von Richthofen）提出的，而"海上丝绸之路"的提法则稍晚，直到1913年才由法国著名汉学家沙畹（Emmanuel-èdouard Chavannes）率先提出。此后，学界对于海上丝绸之路的关注和研究越来越深入、细化。经过多年的研究和讨论，一般将海上丝绸之路的主要线路划分为两条：一条是东海航线，也称"东海丝路"，是历史时期中国与朝鲜半岛、日本列岛直至东南亚的重要通道；另一条是南海航线，也称"南海丝路"，是中国通往东南亚、南亚、西亚、欧洲、非洲的海上通道。海上丝绸之路的开通，极大地促进了中国与东亚、东南亚、南亚、欧洲等地区的经济文化交流，对于中华优秀传统文化的传播做出了重要贡献。

一、关于海上丝绸之路的研究综述

自2013年国家"一带一路"倡议提出之后，学界关于海上丝绸之路的研究热情愈加高涨。对已有的研究成果进行系统的梳理总结，对于推动海上丝绸之路的继续深入挖掘将大有裨益。

（一）早期的研究和主要研究机构

早在20世纪20—30年代，国内学界就已经开始对海上丝绸之路进行了研究，当时一般是从属于"中西交通史""南洋交通史""中国海外交通史"等研究的，对海上丝绸之路有研究的人多为在中外交流史上有成就的学者，如冯承钧、向达、张星烺、方豪、韩振华、岑仲勉、朱杰勤等人。20世纪以来，中国的"海上丝绸之路"研究大致经历了三个阶段。第一阶段是1987年以前，只有很少的中国学者以"海上丝绸之路"为题来做研究。第二阶段是1987—1997年，1987年，联合国教科文组织决定对"丝绸之路"进行国际性的全面研究。国内也随即出版了一些相关书籍，如《广州与海上丝绸之路》《南海丝绸之路文物图集》等，"海上丝绸之路"的研究进入了新的阶段。1991年福建社会科学院成立了中国与海上丝绸之路研究中心，可以说它是国内最早以"海上丝绸之路"研究冠名的学术机构。第三阶段是21世纪至今，中国一些港口城市提出将"海上丝绸之路"文化遗产向联合国申报"世界文化遗产"。此外，广州、泉州、宁波等城市都召开过以"海上丝绸之路"命名的国内或国际学术会议，"海上丝绸之路"的研究愈加深入。

进入21世纪以来，中国的海上丝绸之路研究逐渐走向世界学术前沿，研究内容也愈加广泛而深入。随着学界对海上丝绸之路研究热情的高涨，一些直接以海上丝绸之路命名的学术研究机构日渐增多，在2013年国家提出"一带一路"倡议之后，国内的学术研究机构更是层出不穷。

2014年3月20日，华侨大学海上丝绸之路研究院揭牌成立，它是华侨大学的直属科研机构。该研究院由华侨大学、中国社会科学院亚太与全球战略研究院、中国新闻社、福建省人民政府侨务办公室、福建省社会科学界联合会、福建社会科学院联合共建，下设经济战略研究中心、国际政治研究中心、文化交流与传播研究中心。该研究院紧紧围绕"一带一路"倡议的重大理论和现实问题，统筹开展与海上丝绸之路建设密切相关的前沿性课题研究；同时，整合海内外资源，提供战略研讨和凝聚共识的高端平台，致力于打造中国"21世纪海上丝绸之路"的学术高地和服务国家海丝战略的重要智库。

2014年5月22日，广东海上丝绸之路研究院在广东省社会科学院正式成立。该研究院下设历史文化组、产业经济组、经济贸易组、国际金融组、学术交流组，组织开展广东海上丝绸之路研究工作，汇集整合国内外丝绸之路问题研究专家，建立"小机构、大网络"的运作模式，突破现有的体制壁垒，充分释放人才、资源等方面的活力，重点研究东南亚史和东南亚政治、经济、社会、文化、宗教等政策与国际关系，开展定期学术交流，努力成为东南亚文化、东南亚问题的高水平研究基地，成为广东重要的决策智库。

2014年6月5日，21世纪海上丝绸之路研究院在广州中山大学揭牌成立。该研究院以中山大学环南中国海研究院、国家软实力研究院、亚太研究院和海洋学院为基础，联合广西、海南、福建、云南等多省市研究机构开展海上丝绸之路相关研究，旨在通过跨学科、跨部门、跨地域的协同创新研究，成为21世纪海上丝绸之路相关研究领域国内权威、国际一流的学术研究机构、教育与培训机构和决策咨询机构。

2014年6月，经海南省政府批准，中国南海研究院"海上丝绸之路"研究所正式挂牌成立。其主要研究领域和方向如下：①21世纪海上丝绸之路建设的总体战略规划，包括海上丝绸之路蕴含的历史文化价值、新海上丝绸之路特有的时代内涵、沿海上丝绸之路经济带国家和地区的经济社会发展状况与比较研究。②中国－东盟总体关系，包括中国和东盟关系的现状与前景研究、中国和各个东盟国家双边关系的现状与前景研究等。③海洋地缘政治和经济，包括南海在新海上丝绸之路建设的战略地位与作用、南海地缘政治博弈、大国关系与海权、航道安全与危机管控、非传统安全领域合作现状与前景。

2014年6月24日，中国社会科学院"海上丝绸之路"研究基地成立。该研究基地重点围绕"一带一路"与中国的对外开放战略和周边战略的完善，"一带一路"与地区经济增长体系、人文交流体系和新型区域合作模式的构建，开展建设性、前瞻性研究，为"一带一路"，尤其是"21世纪海上丝绸之路"建设提供智力支持。

（二）近30年来的主要研究成果

国内学者对海上丝绸之路的研究著作大致可以分为两类：一类是对海上丝绸之路在历史时期的发展概况做整体性、系统性的论述，也有对21世纪海上丝绸之路倡议构想的整体性研究著作；另一类是对海上丝绸之路的某一区域或者港口进行的专题性研究。

1. 综述性的研究著作

关于古代海上丝绸之路的研究性著作：陈高华（1991）所著《海上丝绸之路》主要介绍了海上丝绸之路从开辟时期（先秦—汉代）、持续发展时期（魏晋—唐五代）、空前繁荣时期（宋元）、由盛转衰时期（明代）到停滞与衰落时期（清代）的历史发展过程，叙述了古代中国和海外诸国在经济、政治、科技、文化等方面的联系。李庆新（2006）所著《海上丝绸之路》主要介绍了两汉及魏晋南北朝时期的早期东西方海上航线的对接、隋唐时期的"广州通海夷道"、宋元帝国对海洋贸易的经营；明清时期世界海洋贸易的新时代等相关内容。李庆新认为海上丝绸之路的内涵极为广泛，它是一条陶瓷之路、丝绸之路、香料之路、茶叶之路，涵盖了中国的港口史、造船史、航海史、海外贸易史、移民史、宗教史、国家关系史、中外科技文化交流史等诸多具体内容，范围涉及亚洲、欧洲、非洲、美洲和大洋洲等区域。国家文物局（2014）编的《海上丝绸之路》主要从海上丝绸之路所流传下来的相关文物、遗物的角度来回顾古代中国先民开拓海上丝绸之路的艰难历程。内容大致分为两大部分，一是以时间为主线来回顾远古至明清时期海上丝绸之路的发展过程，二是分专题论述元代的海外贸易、明代的市舶司制度、中国古船、郑和下西洋、甘薯的传入、宋元时期泉州外销瓷器等内容。

卞洪登（2007）所著《丝绸之路考》是一本汇聚了各种丝绸之路考证的极富历史性与现实性的佳作，主要内容包括丝绸起源的传说、中国古代各个时期的丝绸之路、现代丝绸之路。刘迎胜（2014）所著《丝绸之路》将丝绸之路分为草原丝绸之路、海上丝绸之路两篇，是作者多年进行丝绸之路学术研究和丝绸之路实地考察的最终成果。作者结合历史文献和实地考察，对草原丝绸之路、海上丝绸之路的起源，具体线路，沿路民族、文化、名城，以及相关历史事件和重要历史人物等，都做了详细的介绍，尤其对丝绸之路在中国与海外交通方面所发挥的重要历史作用做了深刻的阐述。徐杰（2012）所著《海上丝绸之路》主要论述了海上丝绸之路的历史、"东海丝路"和"南海丝路"、海上丝绸之路对中国农业的贡献，并重点介绍了海上丝绸之路的起点之一——广州、重要的始发港——泉州、重要遗迹——南海神庙，对扬州、宁波、杭州等港口也做了简要介绍，书中最后分析了丝绸之路从陆路转向海路的原因和海上丝绸之路的历史贡献等内容。孙光圻、刘义杰（2015）主编的《海上丝绸之路》主要按照时间顺序，并采用中英双语详细阐述了海上丝绸之路的起源、发展历程等内容。书中把海上丝绸之路分为"古代海上丝绸之路""近现代海上丝绸之路"和"21世纪海上丝绸之路"三部分，并引用大量的图片做到直观翔实地重现历史，以故事的形式将海上丝绸之路沿线各国与中国之间的经济、贸易、文化之间的交流展现出来，从而提高国内外读者对"海上丝绸之路"的认识。王忠强（2010）所著《海上丝绸之路》主要介绍了丝绸之路的兴衰、海上丝绸之路的发展、海上丝绸之路与中外文化交流、海上丝绸之路的历史地位和贡献等内容。福建博物院（2013）所编《丝路帆远：海上丝绸之路文物精萃》是以"海上丝绸之路文物精品七省联展"为基础而出版的一本专题性图录。全书主要包括两个部分：一是有关海上丝绸之路的专题性研究论文，试图从不同方面阐述不同地区古代海上丝绸之路的发展和繁盛情况；二是精品文物图版及文字介绍，从远古到明清，共分为四个单元，这些精美的文物，诠释了各个时期海上丝绸之路的繁荣情况，体现了海外贸易的交流和发展。

此外，关于海上丝绸之路的综述性研究著作还有：杨建新、卢苇（1988）《丝绸之路》，夏应元（1991）《海上丝绸之路的友好使者·东洋篇》，陈瑞德（1991）《海上丝绸之路的友好使者·西洋篇》，黄鹤、秦柯（2001）《交融与辉映——中国学者论海上丝绸之路》，徐肖南等（2001）编译《东方的发现——外国学者谈海上丝绸之路》，袁钟仁《海上丝绸之路》（2004），董志文（2014）《话说中国海上丝绸之路》，等等。

关于"21世纪海上丝绸之路"的研究性著作：张诗雨、张勇（2014）《海上新丝路 21世纪海上丝绸之路发展思路与构想》全面深入地回顾了中国古代不同时期海上丝绸之路的兴衰历程，并在此基础上深入分析了中国海洋交通运输产业的发展现状，立足全球海运未来走势，探讨了建设"21世纪海上丝绸之路"的构想，提出了振兴海洋事业的政策建议。黄茂兴（2015）《历史与现实的呼应：21世纪海上丝绸之路的复兴》主要介绍了"21世纪海上丝绸之路"的历史演化、主要内容与战略目标、理论基础与现实必然、路径设想、政策保障、发展愿景等相关内容。国家发展改革委、外交部、商务部（2015）发布的《推动共建丝绸之路经济带和21世纪海上丝绸之路的愿景与行动》是中国政府为推进"一带一路"重大倡议，让古丝绸之路重新焕发新的生机活力，以新的形式使中国同亚欧非国家互利合作迈向新的历史高度，让中国与世界更加紧密地联系在一起而提出的规划大纲。

2. 重要的论文集

随着海上丝绸之路研究的逐步升温，国内相继举行多次研讨会，并出版了一些综述性、专题性的论文集。龚缨晏（2011）《20世纪中国"海上丝绸之路"研究集萃》主要选取了1901—2000年中国学者公开发表的关于海上丝绸之路的重要研究成果。其所收研究成果以论文为主，但也节录了几部有重要影响的著作。全书主要内容包括祖国大航海家郑和传（1904）、唐代往来南海之僧人（1937）、关于马可波罗离华的一段汉文记载（1941）等。龚缨晏（2011）《中国海上丝绸之路研究百年回顾》全面回顾了20世纪中国学者对海上丝绸之路的研究历程，总结学术成果，为今后的研究打下基础。这是国内第一部全面回顾海上丝绸之路研究历程的著作。陈炎（1996）《海上丝绸之路与中外文化交流》是作者从事海上丝绸之路与中外文化交流研究的论文集。在近30篇的论文中，作者通过大量的文献考据、考古论证、实地调查、对比分析，把连接中外的海上丝绸之路的发生、发展及由此对世界文明的贡献进行了充分的论述。林立群（2012）主编《跨越海洋："海上丝绸之路与世界文明进程"国际学术论坛文选（2011·中国·宁波）》在全球视野下，主要围绕"海上丝绸之路"文化对世界文明进程的推动作用展开，分析海洋文化中强烈地崇尚力量的品格、崇尚自由的天性以及两千余年海上丝绸之路给世界文明带来的巨大而深刻的影响。深入发掘和弘扬这份宝贵的历史文化遗产，有利于提升人们对海丝文化的认知，这在国家大力实施海洋发展战略的当下有着特别重要的意义。泉州港务局、泉州港口协会（2005）编《泉州港与海上丝绸之路三：纪念郑和下西洋六百周年论文集》选录的论文，分别从航海、造船、天文、地理、海图、宗教、贸易和史迹等方面，重点就明代泉州海上丝绸之路的拓展进行了分析探索，对郑和下西洋的历史贡献及其积极的现实意义给予了肯定。沈琼华（2013）主编《2012海上丝绸之路：中国古代瓷器输出及文化影响国际学术研讨会论文集》共收录海内外学者论文41篇，集中展示了该领域现有研究成果，是了解海上丝绸之路、中国外销瓷及瓷器文化的专门性著作。

此外，重要的论文集还有：联合国教科文组织海上丝绸之路综合考察泉州国际学术讨论会组织委员会编《中国与海上丝绸之路：联合国教科文组织海上丝绸之路综合考察泉州国际学术讨论会论文集》，陈达生、王连茂（1997）主编《海上丝绸之路研究1：海上丝绸之路与伊斯兰文化》，陈达生（1999）等主编《海上丝绸之路研究2：中国与东南亚》，陈达生、曲鸿亮、王连茂（2007）主编《海上丝绸之路研究4：陈达生伊斯兰教与阿拉伯碑铭研究论文集》，吴传钧（2006）《海上丝绸之路研究：中国北海合浦海上丝绸之路始发港理论研讨会论文集》，等等。

综上所述，21世纪以来，中国的海上丝绸之路研究无论是在学科领域，还是在研究方法上，都取得了重要进展，研究愈加深入，内涵也更加丰富。一是海上丝绸之路的研究越来越趋向于多学科、跨领域的综合交叉研究，如对历史学、民俗学、社会学领域的深入挖掘及其方法的运用。特别是考古学及其研究方法，在古代海上丝绸之路的研究中得到了广泛应用，并在许多重要问题上取得了重大成就。二是中国学者在一些领域展开了开拓性研究，如航海史等。同时，外国学者也开始更多地关注中国学界的研究状况。三是一些新的学术研究机构应运而生，其中一些机构直接以海上丝绸之路命名，为推动其深入的研究提供了很好的平台。四是国家"一带一路"倡议的提出和实施，为古代海上丝绸之路和 21 世纪海上丝绸之路的研究提供了很好的政策支持和营造了良好的研究环境。各地相继成功举办了一系列以"21世纪海上丝绸之路"为主题的国际峰会、论坛、研讨会、博览会，这些交流合作对于增进理解、凝聚共识、深化合作发挥了重要作用，也极大地推动了海上丝绸之路的深入研究。

二、关于校园文化建设的研究综述

我国高校校园文化源远流长，可以追溯到公元前 2700 年的五帝时代具有"大学"之名的"成均"。现代意义上的高校校园文化，是由美国学者华勒（Waller）最早提出的。1932 年，他在《教育社会学》（*The Sociology Teaching*）一书中首先使用"学校文化"一词后，经过 20 世纪五六十年代的发展，终于在 20 世纪 80 年代中后期，以独立的形态成为社会文化的一个重要组成部分，并逐渐为很多国家所重视和研究。现就国内外研究的现状及成果进行综述。

（一）国内研究现状及成果综述

我国现代意义上的校园文化这一概念，是在 1986 年上海交通大学第十二届学生代表大会上第一次被正式提出的，随后便引起了各高校的共鸣和媒体的关注，如继华东师范大学率先举办首届"校园文化建设月"后，上海交通大学、华东工学院、复旦大学又推出"校园文化艺术节"等，校园文化呈现一派空前活跃的景象。校园文化建设也不断得到中央和地方相关部门的重视和支持，如 1986 年，共青团上海市委学校部召开"校园文化理论研讨会"，同年 11 月，中国共产主义青年团中央委员会（以下简称"团中央"）和中华全国学生联合会（以下简称"全国学联"）肯定了校园文化建设的意义，得到中共中央宣传部（以下简称"中宣部"）和国家教育委员会（以下简称"国家教委"，教育部的前身）的大力支持，并把校园文化建设作为一项重要工作写进正式的文件中。在这些实践的基础上，各种理论研讨会相继举行：1990 年 4 月，全国校园文化首届理论研讨会由中宣部、中国教育学会、中国高等教育学会、团中央等多个部门在北京联合召开；同年8月，海南省思想政治教育研讨会和海南大学在通什召开"校园文化与思想政治教育"的理论研讨会；1991年10月，在承德召开全国高校校园文化理论研讨会；等等。这标志着校园文化建设由实践上升到理论，高校校园文化建设研究也逐渐趋于自觉和理性。

随着校园文化建设的不断深入，校园文化建设在中国特色社会主义现代化建设中的重要性越发凸显。① 党的十四大报告中，把校园文化同社区文化、村镇文化、企业文化一起，作为社会主义精神文明建设的重要内容，为经济建设和改革开放提供强大精神动力和智力支持，这使得校园文化建设得到质的飞跃。1995年11月，国家教委正式颁布试行的《中国普通高校德育大纲》，把校园文化建设列入高校德育的五条途径之一，并强调要"加强校园文化建设，优化育人环境，发挥环境的育人功能"。1999年9月，《中共中央关于加强和改进思想政治工作的若干意见》中，把校园文化建设提到了学校德育工作的重要议事日程。2004年10月，中共中央、国务院《关于进一步加强和改进大学生思想政治教育的意见》（以下简称"16号文件"）提出"要建设体现中国特色社会主义特点、时代特征和学校特色的校园文化"。为了贯彻和落实16号文件，2004年12月，教育部、团中央《关于加强和改进高等学校校园文化建设的意见》指出，高校校园文化是社会主义先进文化，校园文化建设是我国实施科教兴国和人才强国的重要组成部分。这样，高校校园文化建设上升到战略发展高度。2005年1月，全国加强和改进大学生思想政治教育工作会议强调："要大力建设体现社会主义特点、时代特征和学校特色的校园文化，……寓教育于文化活动中。"这极大地推动了校园文化建设。面对网络的兴起给校园文化建设带来的各种影响，胡锦涛同志在共青团十四届四中全会上讲话时强调："特别要认真研究互联网对青年带来的影响，努力建设思想政治工作的新阵地，打好网上宣传教育的主动仗，努力使互联网成为广大青年获取知识信息的新窗口和接受思想教

---

① 参见王婷婷、向艳《新时代高校校园文化育人的逻辑机理及路径优化》，载《江苏高教》2024年第1期，第86页。

育的新途径。"在党的十七大报告中，又提出加强网络文化建设。随后，中共中央、国务院在《关于进一步加强和改进大学生思想政治教育的意见》中，明确指出要"大力建设校园文化……要全面加强校园网的建设，使网络成为弘扬主旋律、开展思想政治教育的重要手段"。党的十七届六中全会也强调要提高校园文化建设的水平。2015年7月，教育部、中宣部联合在四川大学召开"建设校园文化涵育核心价值"现场交流会，强调要深入学习贯彻习近平总书记系列重要讲话精神，紧紧围绕高校立德树人根本任务，广泛运用校园文化、校风校训等载体涵育社会主义核心价值观，使之成为广大师生的价值追求和自觉行动。这标志着高校校园文化建设进入一个全面、深入发展阶段。

进入21世纪，在全球化、网络化、市场化的时代背景下，随着我国高等教育改革进程的推进，高校校园文化建设在实践中面临很多新情况、新问题，迫切需要加强理论研究给予理论指导，校园文化理论研究在不断进行理论探讨和指导实践的过程中走向成熟。①

1. 关于校园文化的基本理论研究

这个阶段在基本理论研究方面，表现得更加具体和全面，在此以校园文化内涵、特征和功能这三个最基本内容的研究成果为例进行整理。从内涵来看，论者们根据校园文化构成的要素不同，给予不同的界定，主要有：蒋学丽（2007）的《论大学校园文化及其建设》提出由物质文化和精神文化构成的"二要素说"；宋保忠、相艳（2005）的《经典大学精神与高校校园文化建设》提出增加制度文化这一内容的"三要素说"；潘懋元（2009）的《新编高等教育学》提出包括智能文化、物质文化、规范文化和精神文化的"四要素说"；李高南、熊柱（2005）的《关于高校校园文化建设的思考》提出包括物质文化、智能文化、精神文化、规范文化、行为文化的"五要素说"；卿秦（2011）的《校园文化建设与思想政治教育探析》提出把校园内所有对学生有现实影响和潜在影响的要素都纳入校园文化范围的"多要素说"。虽然论者们对各要素的提法略有不同，但其意思是

---

① 参见舒立春《推进校园文化提能增效 着力培养时代新人》，载《中国高等教育》2023年第Z3期，第8页。

相近的。①

从特征来看，校园文化除了自身所具有的特征，还打上了时代的烙印。代表性的观点如：罗大中（2001）的《论高校校园文化的特征及发展趋势》强调网络文化的时代性特征；戴天增（2002）的《校园文化新特征》提出校园文化的开放性特征等。从功能来看，很多论者在对已有的研究成果加以整合的基础上，从德、智、体、美、创新、社会化等角度来挖掘，使校园文化的功能日益丰满。如于建波、张厚兰（2002）的《校园文化的内涵、特征与功能》认为校园文化具有导向与启智、育德、激励、约束和美育与健体的功能。也有论者从其中某一个视角来分析校园文化的功能，如侯东喜、乔长水（2010）的《校园文化的人才培养功能初探》从智育的角度分析了校园文化在人才培养中的作用；蔡红生（2010）的《正确处理大学校园文化的几个关系》通过分析创新与继承的关系，突出了校园文化的创新功能；刘国新、王春喜（2011）的《论校园文化力的特点与功能》分析了校园文化的引领和整合功能；刘晓靖（2015）的《论高校校园文化育人功能与实现方式》探索高校校园文化育人功能的实现方式；刘艳春、贾立平（2016）的《高校校园文化的生命价值观教育功能研究》着眼于建设校园物质文化、校园精神文化、校园制度文化，形成合力共同创造健康、文明、和谐的校园文化氛围，使其生命价值观教育的功能得到充分发挥，从而增强生命价值观教育实效性。从上述对关于校园文化的内涵、特征和功能的研究状况的分析，不难看出，校园文化理论研究呈现出科学化、系统化的趋势，已经作为社会文化研究的一个重要组成部分而自成独立的体系，这表明了校园文化理论研究正在走向成熟。②

2. 关于校园文化建设的实践思考

走向成熟的校园文化理论研究在这方面最大的特点是与社会大环

---

① 参见任初明、徐延宇、付清香《基于学生视角的大学校园文化认同调查》，载《教育理论与实践》2022年第36期，第9页。
② 参见李宏刚《以社会主义核心价值观引领高校校园文化建设的逻辑理路》，载《江苏大学学报（社会科学版）》2022年第5期，第26页。

境紧紧地联系在一起，尤其是与党中央的精神保持一致。2004年党中央、国务院的16号文件发出，以及随后教育部、团中央出台《关于加强和改进高等学校校园文化建设的意见》后，发挥校园文化在大学生思想政治教育中的作用就成为论者们研究的重点。如许庆华（2004）的《高校校园文化的解读对思想政治教育的启示》对如何利用校园文化的凝聚、约束、激励和导向的功能来作用于思想政治教育谈了自己的看法；朱凌、朱友岗（2007）的《发挥校园文化思想政治教育作用的路径选择》提出了发挥校园文化思想政治教育功能的实现途径；孙媛媛、刘晓春（2010）的《浅析校园文化与大学生思想政治教育的辩证关系》从两者辩证关系强调校园文化在大学生思想政治教育中载体作用的重要意义等。党的十六届六中全会提出构建社会主义和谐社会战略任务后，和谐校园文化建设又成了研究的重点。如吴磊、肖池平（2006）的《关于和谐校园文化建设的思考》阐述了和谐校园文化的内涵、特征和重要作用，提出推进和谐校园建设的观点；连建华（2008）的《高校和谐校园文化的构建》提出构建和谐校园应具有的理念及其构建的内容；闫辉（2012）的《高校文化建设与"和谐校园"构建》提出了校园文化建设与构建和谐校园的途径等。社会主义核心价值体系是建设和谐社会的根本，特别是2011年党的十七届六中全会再次强调实现文化强国需要社会主义核心价值体系的支撑后，如何以社会主义核心价值体系引领校园文化建设又引起了论者们的重视。李有玉（2009）的《以社会主义核心价值体系引领高校校园文化建设》分析了社会主义核心价值体系引领高校校园文化建设的重要性和迫切性，提出引领的路径选择；万美容、明月（2010）的《论社会主义核心价值体系引领大学校园文化建设的机制》提出引领的机制构建与优化；吴庆等（2014）的《以社会主义核心价值体系引领高校校园文化建设》认为要把校园文化建设纳入学校事业发展的总体目标和部署，统一规划和建设，形成具有鲜明行业特色、时代特征和历史特色的校园文化。

此外，互联网的快速发展，促使很多论者开始从各自视角探讨网络文化对校园文化的影响及应对策略。如江玉安（2006）的《高校校园网络文化建设探析》较早探讨校园网络文化对大学生成长的双刃剑作用，并提出加强校园网络文化建设的思路；敬菊华、张珂（2007）的《校园网络文化与校园文化的关系分析》阐释了两者的含义和特点，厘清两者的关系；傅俊卫（2011）的《网络文化对高校校园文化的影响及应对策略》分析了网络文化的双重作用，以及加强校园网络文化建设的对策；任平平、常苏娟（2012）的《探索新时期网络文化对高校校园文化的影响》探索了新时期网络文化的特点及其对高校校园文化的影响和应对策略，提出加强和谐校园网络文化建设，构建社会主义核心价值体系；蒋广学（2016）等的《网络信息时代大学校园文化的建设主体和主体建设》梳理了网络信息时代大学教育和大学文化建设主体的嬗变，从理念调整、制度建设和实践创新三个层面提出了加强大学文化主体建设的具体要求。

3. 关于校园文化中外对比研究

在校园文化中外对比研究方面具有代表性的成果有：李越红（2004）的《中西方校园文化差异浅析》通过对中西文化特色的比较，指出两者的冲突之处，提出批判吸收借鉴西方校园文化以建设民主、开放的校园文化；邹毅彬（2011）的《中外高校校园文化差异及启迪》通过中西文化对比，从中得到启示，主张吸收和借鉴国外有价值的研究成果，以丰富和完善我国的高校校园文化。

校园文化理论研究趋向成熟还有一个重要信号，那就是理论研究者推出了一大批更具体、更专业、更富特色的校园文化论著，具有代表性的有：刘德宇（2004）的《高校校园文化发展论》，郭广银、杨明等（2007）的《新时期高校校园文化建设的理论与实践》，吴云志、张广骞、丛茂国（2007）的《高等学校校园文化建设研究》，孙庆珠（2008）的《高校校园文化概论》，等等。而较早涉足校园网络文化研究方面的论著的是杨立英（2003）的《网络思想政治教育论》，之后，张静（2010）主编的《新时期高校校园文化建设的新探索》也对高校校园网络文化建设进行了探讨。在中外校园文化比较研究方面的论著，具有代表性的有蔡红生（2012）的《中美大学校园文化比较研究》。另外，还有一些根据具体高校的特色而专门为其高校校园文化撰写的著作，如关成华（2001）主编的《北京大学校园文化》、黄延复（2001）的《水木清华：二三十年代清华校园文化》、李尚德（2001）的《凝聚中大精神——"中大精神与校园文化建设"大讨论集》等。

总之，进入21世纪至今，在党和国家的关心和重视下，校园文化尤其是高校校园文化理论研究得到了质的发展，校园文化已经成为一个独立的学科，越来越受到人们的重视。当然，随着时代的发展，校园文化理论研究必须要与时俱进，在日趋成熟的基础上，需要不断完善和提升。[①] 如何用社会主义核心价值体系引领高校校园文化建设，使高校校园文化在文化强国中发挥先进性作用，怎样结合中华优秀传统文化，如海丝文化开展特色校园文化建设，是目前乃至今后很长一段时间里需要给予重视和解决的重要课题，这也是本研究努力的一个着力点。

（二）国外研究的现状综述

虽然在华勒提出校园文化之前没有这一概念，但国外却有很多关于大学、大学理念、大学精神的研究。我们在此研究的是现代意义大学的校园文化，而现代意义的大学源自近代的英国，因此，这里对国外校园文化研究的综述以欧美国家为主，从近代以来大学教育、大学理念、大学精神的历史演变来了解国外校园文化研究的情况。

1. 近代以来西方大学教育发展的历史演变

近代英国作为工业革命的发源地，其高等教育以牛津大学和剑桥大学两所大学为中心，在当时欧美国家中处于领先地位。在17世纪末18世纪初，英国高等教育仍以古典文科和宗教神学为主。不过，随着培根的唯物主义哲学和牛顿物理学理论的诞生，一些自然科学知识开始走进大学课堂，渗入大学的教学内容之中。而且随着资本主义制度的巩固、发展和繁荣，很多大学教育为了适应形势的发展，亟须进行改革，"新大学运动"在英国得以发起。这样，到了19世纪末

---

① 参见张英琦《新时代校园文化建设路径探索——评〈校园文化建设的理论与实践〉》，载《中国教育学刊》2022年第7期，第120页。

20世纪初,在"新大学运动"的继续推动下,英国不仅涌现了一批为新兴工业培养科技人才的新型大学,而且进一步推动了牛津大学和剑桥大学的自身改革。它们开始注重实用学科教育,并开创了女子高等教育的先河。近代美国高等教育尽管在西方发达国家中起步较晚,但作为一个移民国家,它一开始就把移植西方先进的思想文化和教育体制作为其殖民地时期的首要任务,所以,其在高等教育上因起点高而在培养牧师、政治管理人才方面具有其他类型教育所不可企及的优点。今天世界闻名的哈佛大学、耶鲁大学都是在这一时期创办的,足见其高等教育的发展状况。近代德国虽然是一个后发国家,但其高等教育却不落后,它创办了一批诸如哈利大学、赫丁根大学等新大学,开创了德国高等教育发展的新局面。当时著名教育家威廉·冯·洪堡进行了一系列的教育改革,创办柏林大学,提出了对后来德国乃至整个世界的教育、科研产生深远影响的"洪堡理念",即"教学和科研统一"的理念。

到了20世纪初,随着英、美、法、德等欧美主要发达国家政治经济发展不平衡的加剧,各国纷纷通过教育改革与实验以振兴本国经济。特别是在20世纪60年代以后,经过两次世界大战的洗礼,世界高等教育进入了一个迅猛发展时期:英国面对"二战"重创后经济实力逐渐衰微的严峻现实,颁布了一系列教育法令,实行大学完全自治,促进了英国现代大学发展;德国作为两次世界大战的战败国,在深刻反思的基础上,首先把目光放在教育上,采取了一系列改革措施,大力推行职业教育,使德国在"二战"后迅速崛起;"二战"后的美国高等教育更是发展飞快,它所倡导的"以学生为中心"的理念被联合国教科文组织写入世界高等教育大会的宣言里,对整个世界高等教育产生了历史性的影响,被越来越多的国家所认同。

2. 大学校园文化建设研究

关于校园文化的含义界定虽然各有千秋,但是大学校园文化对大学校园建设的促进作用是毋庸置疑的。美国学者克拉克·科尔指出,随着社会经济的发展,社会文化的发展正趋向于多元化。大学文化作为社会文化的一部分,也要向多元化方向发展。大学的功能不应该仅体现在教学与科研两方面，还应该发挥服务社会的功能，校园文化要培养大学生的社会服务意识。西班牙学者奥尔特加·加塞特从大学的使命出发对大学文化进行了论述，他强调校园文化的首要使命就是传播知识，培育科学文化知识扎实的大学生。他认为教师或知识并不是校园文化建设的核心，校园文化建设真正的核心应当是学生，大学发展要以普通学生为起点，把学生的发展看作自己的发展。美国加州大学马丁·特罗教授认为校园文化对社会文化有一定的引领作用。大学是一个人才密集的地方，师生思想的碰撞对于创造性思维的培养很有好处。亨利·罗索夫斯基根据自己担任哈佛大学文理学院院长的经历对美国大学校园文化现状进行了分析，提出了自己的看法。他曾将大学比作市场，其中校园文化就像一种市场文化。坎贝尔斯（Kart Jaspers）在《大学理念》中提出，真正的大学校园文化是一种创造性的文化生活，是一种由文化情调、文学气质和有生命意义的生活方式三方面构成的，经过时间的积累，沉淀成一种文化传统，成为大学校园文化内涵和人文底蕴的独特表现。①

众多学者从不同的角度，依据不同的标准，为了研究的便利，对高校校园文化的深层次结构进行了专门的分门别类：美国学者威廉姆·G. 蒂尔尼（William G. Tierney）认为大学校园文化是由活动文化、行为方式、价值观和规定他们所在的性质四部分构成，这主要包括在大学校园中所体现的人与自然的关系、现实与真理的关系、人的本性和人类活动的本质四个层次的内容。罗伯特（Robert M. Crunden）通过实证研究得出，以开放与合作为规范的学校文化促进了学校改进。加拿大学者富兰在其关于学校改革的研究中发现了学校组织文化是学校教学成功与否的关键因素。他在多次教育改革的过程中认识到，人们要做的就是重新"认识学校的文化"，建立适应教育变革的新的学校文化。

综上所述，无论是国内还是国外学者都对高校校园文化进行了深入细致的研究。虽然不同的学者对校园文化的理解不甚相同，但无外

---

① 参见朱忆天、李莉《社会主义核心价值观视域下高校校园文化建设路径探析》，载《学校党建与思想政治教育》2022年第10期，第72页。

乎都包含另一个不同层面的意思，即静态的校园文化实体和动态的校园文化活动。前者强调文化是一个复杂整体，强调校园文化的完成状态；后者强调文化是一个过程，而学校师生员工的生存状态处于不断变化之中。尽管在研究视角上存在着一定的差异，但是从中我们可以捕捉到变化的痕迹，即人们越来越注重从大学整体环境来考量校园文化建设，越来越关注社会文化、传统文化和西方文化等多种文化的影响及作用。目前校园文化研究已有相当的基础，但综观现有文献，对于大学校园文化建设的现实问题研究程度有待进一步提高，很大一部分研究都是以静态的而非动态的观点看待大学校园文化现象，把大学所追求的东西当作大学本身的东西，忽视了大学校园文化的价值追求在历史与现实中的艰难和曲折。另外，对大学校园文化实践课题的研究进行得比较有限，因而对实践指导的可操作性不强。鉴于此，大学校园文化的建设是个既有意义又亟待解决的课题。所以，本书将尝试在立足于已有经验的基础上，整理现有资料，梳理既成观点，同时力争结合海丝精神和我国大学生的特点，对大学校园文化建设进行整体的、系统的把握与分析，努力探索和积极创新大学生校园文化建设的路径和策略。

第二章　海上丝绸之路精神的内涵及时代价值

海上丝绸之路自秦汉形成以来已有两千多年的历史，然而对于海上丝绸之路精神的研究却存在规模性、权威认定与变化维度的缺失，这与其历史和现实地位之间存在极大的反差。通过探究海上丝绸之路不同历史时期精神的内涵，可以发现，在21世纪的时代背景下，海上丝绸之路精神是海上丝绸之路沿线国家在长期交往过程中形成的，包含和平合作、开放包容、互学互鉴、互利共赢的精神内涵，是宝贵的精神财富，具有重要的时代价值。

第一节　海上丝绸之路精神的内涵

在广义上，作为丝绸之路的重要组成部分，海上丝绸之路最早由日本学者三衫隆敏在1967年提及，而我国自鸦片战争以来，对于海上丝绸之路的相关问题也慢慢从记录走向研究阶段。进入21世纪，国内对于海上丝绸之路的研究更是伴随着"一带一路"倡议下海上丝绸之路的重新繁荣而繁荣，而在这一海上贸易交流过程中形成的精神资源所蕴含的现实意义也就显得愈发重要。然而，与关于丝绸之路精神的研究相比，国内学者对于海上丝绸之路精神的研究存在巨大失衡，其主要体现在三个方面：一是，海上丝绸之路精神的内涵界定缺乏权威统一性，相较于习近平主席在出席中阿合作论坛第六届部长级会议开幕式上的讲话中对丝绸之路"和平合作、开放包容、互学互鉴、互利共赢"精神内涵的明确，海上丝绸之路精神的内涵缺乏权威认定，因此不同学者的认识各有侧重，表述不一；二是，海上丝绸之路精神的研究就数量而言，还未能形成规模效应，这与其重要地位严重不符；三是，基于对现有研究的分析可以发现，对海上丝绸之路精神的研究，多从横向角度着手，论述海上丝绸之路精神为何的问题，而缺乏对何来问题的关注，也就是缺乏从变化发展的维度对海上丝绸之路精神加以深入认识，正因为时间维度的缺失，海上丝绸之路精神与时代特征的契合性论证强度不足，进而难以得出经得起实践检验的观点。

海上丝绸之路作为中国与世界其他地区交流的海上通道，早在两千多年前就已经开始形成了："海上丝绸之路形成于秦汉时期，发展于三国隋朝时期，繁荣于唐宋时期，转变于明清时期，是已知的最为古老的海上航线。"[①] 从历史唯物主义的角度看，在这两千多年的海上丝绸之路历史中，海上丝绸之路精神是中国在通往东海与南海两大航线过程中，人们改造主观世界的精神成果，在一般意义上包含智力、技能与思想、道德两大方面的内容，前者主要表现在造船、航海、外交制度等领域，而后者则体现为文化传播、民俗信仰等领域，它们都受到一定历史条件的制约，因此，海上丝绸之路精神的内涵在不同的历史时期，必然也与具体的历史条件相适应，并受到当时历史环境的影响，在形成、发展与转变的历史轨迹上流变。

一、海丝精神内涵的发展变迁

对海丝精神内涵的研究应当坚持两个原则：一方面，海上丝绸之路作为丝绸之路的海上通道，是丝绸之路的重要组成部分，海上丝绸之路精神也理应具有丝绸之路精神的一般特质；另一方面，海上丝绸之路并非静态的概念，而是在历史的交流活动中不断丰富的物质与精神文化载体，对其精神内涵的挖掘，必须坚持发展的眼光。

---

① 张开城：《海上丝绸之路精神与21世纪海上丝绸之路建设》，载《中国海洋大学学报》2015年第4期，第30页。

（一）形成阶段：赋予海丝精神的政治意义

我国海上丝绸之路的形成阶段主要是指唐代以前丝绸通过海上通道外传的时期。在这一阶段，海上丝绸之路的特点主要表现在两个方面：贸易的功能以政治交流为主导，航行技术处于初始阶段造成航线单一。一方面，唐代以前的丝绸贸易从秦汉起，外传的渠道以陆上丝绸之路为主，并未达到商品交换的高度，对于统治阶级而言，朝贡贸易是海上丝绸之路的主要功能。如《后汉书》所记载的掸国进献国之珍宝，我方回赠金、银与丝织品，就表明中国丝绸在通过南海起航线外传的过程中，两国之间的交易实质上是国家间友好往来的桥梁，在这个意义上它并没有进入经济的范畴，更多的是在政治层面实现敦睦邦交的手段，丝绸在这里是和平的象征。另一方面，唐代以前航行技术还不成熟，主要表现在造船技术还不足以支撑远洋航行，"蛮夷贾船，转送致之"与"苦蓬风波溺死"的记载都表明了以当时的造船能力与航海知识还无法应对渡海远航，海上丝绸之路的范围在此阶段较为狭窄。这样一来，早期自我国起航的海港主要是雷州半岛的徐闻、合浦，外国来我国贸易的则以日南、交趾为主，彼时东南沿海的对外贸易港尚未形成。

海上丝绸之路是具体的，也是历史的。唐代以前海上丝绸之路的特点在一定程度上反映了当时生产力发展的水平，也推动了生产力的发展。在这一对矛盾中，政治因素成为矛盾的主要方面，而海上丝绸之路精神的内涵也被赋予了政治意义。海上丝绸之路精神的政治内涵的首要方面便是和平合作的邦交精神。海上丝绸之路的形成并非由战争强加，而是沿线国家主动交流的结果，虽然在这一线路上确实发生过许多战争，但是由互赠构建的交易模式，实质代表的还是追求和平、建立友谊的美好愿望，虽未有意识地通过这一交易模式增加贸易收入，但却早已超越了经济的范围。从国家层面进入社会公共生活领域，则促进了人们之间的合作交往，以物易物的形式推动了社会交往形式的发展，俨然形成了以海上丝绸之路为主线的国际社会。①

海上丝绸之路精神的政治内涵的另一方面则是尚新图变的改革精神。中国丝绸之路起初是通过西域的，但是由于安息对丝绸贸易的垄断企图，这条丝路被阻断，这对于生产丝织品的中国与大量消费丝织品的罗马来说无疑影响巨大，也直接促使两国对丝绸之路海上通道的开辟。《后汉书》对于"大秦王安敦遣使自日南徼外献象牙、犀角、玳瑁"的记载，就充分说明罗马想要努力摆脱安息的控制，直接与我国进行贸易交换。对已然形成的交易关系的推翻与革新，造就了海上丝绸之路的开辟，这对海上丝绸之路历史发展的进程起到了推动作用，而其中所反映的可贵精神正是坚决果断的尚新图变。

（二）发展阶段：增强海丝精神的经济意义

我国海上丝绸之路的发展阶段主要是指唐宋时代我国丝绸外传的时期。在这一阶段，海上丝绸之路的特点表现为海外丝绸贸易性质的转变和航海技术与航线发展两个方面。一方面，唐朝以后，海上丝绸之路贸易的性质从政治交流转向了经济活动，海上丝绸之路在原有朝贡贸易所关注的扩大政治影响力的基础上开始转向发挥其增加财政收入的功能。唐时设市舶使以及奖励番商来华贸易等政策大大增加了官方经济收入，而民间商业活动通过丝绸贸易也得到蓬勃发展，此时以丝绸作为主要交易内容的商业生产活动已经十分发达。另一方面，随着海外贸易需求的增加，造船技术与航线范围都得到了一定程度的发展。宋代的大型船舶不仅在船体大小和承重上十分可观，还拥有当时世界上最先进的航行设备。技术上的进步直接促进了我国和各国海外贸易的地区不断增加，贸易往来较之前更加频繁，在宋朝同日本的海上贸易中，除了官方的朝贡贸易，还出现了民间的贸易。

政治上层建筑在一定条件下随着经济基础的变化而变化，在社会经济结构中，前者反作用于后者，而后者则占据了决定性的地位，这一决定性主要是指政治上层建筑对于经济基础的服务性。唐朝以前，

---

① 参见刘家国《中国对"21世纪海上丝绸之路"沿线国家投资效率研究》，载《统计与决策》2020年第20期，第101页。

社会生产力的发展程度在很大程度上制约了海上贸易经济功能的发挥，而唐宋两代，以技术进步、产品剩余为主要内容的物质要素为官方与民间贸易提供了现实可能性，海上丝绸之路不再仅仅是和平与革新的象征，而是承载着更多获得经济利益的内涵。一方面，海上丝绸之路精神的经济内涵表现为重商务实的实干精神。当朝者的政策更加倾向于发展对外贸易，获得切实的财政收入，例如，两宋政府就以丝绸和黄金作为招引外商的诱饵，推动了中国丝绸的大量外传，促进了丝织行业的发展，这体现出朝贡贸易已然从单纯的扩大政治影响与维持邦交的框架中跳出来，真正具有了经济意义，而在宋朝与日本的海上贸易中还出现了民间贸易，丝织工业逐渐从农业中分离出来，这表明了当时人们对于丝绸商贸的重视程度。另一方面，海上丝绸之路精神的经济内涵还表现为互利共赢的互惠精神。唐朝时，我国与日本、朝鲜的贸易往来日益增加，两国间的官方贸易虽然仍旧采取的是朝贡贸易的形式，但是中国赏赐给他国的丝绸一部分会被官方高价转卖而从中获利，日本与朝鲜的做法在当时具有很强的代表性，而对我国而言，在海上贸易的过程中，丝绸成了货币一般的流通媒介，我国也因此得到了丰厚的回报。唐朝时外国输入的商品除了要纳高额税，还会由当地政府收买专卖，利润颇丰，由此可见，对于贸易双方而言，海上丝绸之路是一条互利共赢之路。

（三）转变阶段：拓宽海丝精神的文化意义

我国海上丝绸之路的转变阶段主要是指元、明、清各朝代我国丝绸外传的时期。在这一阶段，海上丝绸之路呈现出丝绸贸易主动性明显加强和交流内容更加丰富两大特点。一方面，相对于唐宋利用丝绸、黄金招引外商这些被动消极的贸易形式，这一阶段的当朝者更主动派遣高级官员访问海外各国，并进行丝绸贸易，明朝时郑和带领船队七下西洋，标志着海上丝绸之路已经发展到了极盛时期。另一方面，海上丝绸之路已经不再局限于政治与经济贸易领域，而是拓宽到了涉及人员、创造发明等方面的文化交流的层次，如具备特定技艺人员的西传、丝绸生产工具的外传等。

海上丝绸之路精神融入高校教育管理的研究与实践
——基于对大学生的招生、培养视角

在我国海上丝绸之路的转变阶段，海上丝绸之路精神的内涵不再是经济与政治构成的二元闭合结构，而是在内外合力下被赋予了文化内涵。文化是社会发展的动力，只有与实践相联系，才能展现出其本质，即马克思所强调的"人的本质力量的对象化"。这一时期海上丝绸之路精神所具有的文化内涵正是由各种文化要素的凝结所表现出来的。

一方面，海上丝绸之路精神的文化内涵表现为物质层面上互学互鉴的谦虚精神。物质文化领域典型地体现了"人化自然"的特征，它包括所有用于满足人的各种生理和生存需要的，经过加工的自然物品和人造物品，还包括用以生产这些物品的生产工具和生产手段。具体而言，海上丝绸之路远不止是我国通过海上贸易的方式向外传布丝绸，随着海上丝绸之路的发展，具有特殊技艺的人员如画家、丝织工人等，古代发明创造如指南针、火药等，文化产品如刺绣、挂轴等，都成了国家与人民之间互相学习与互相借鉴的内容，如果没有见贤思齐、乐于上进的谦虚精神，海上丝绸之路精神的文化内涵将失去物质文化根基。

另一方面，海上丝绸之路精神的文化内涵表现为制度层面与文化层面上开放包容的海洋精神，即海上丝绸之路精神满足由人的交往需求而产生的合理地处理个人之间、个人与群体之间关系的需求，以及精神文化所包括的个人和社会群体的所有精神活动及其成果。具体来讲，一是制度层面的开放，例如，唐宋以后，元朝政府推行"官自具船、给本、选人入番贸易诸货，共所获之息，以十分为率，官取其七，所易人得其三"的海贸制度，这无疑相较于宋时奖励海外贸易又推进了一步，再如清初，本是只有特定经营资格的商人才能进行丝绸贸易的规定也被废除，再加上康熙即位后对丝禁政策的松弛，都反映了极为开放的海上贸易精神；二是精神层面的包容，思想、观念、道德等社会意识形态，都受到一定社会物质条件的制约，这在海上丝绸之路走向极盛的过程中有着突出的表现，即不同国家的文化在交流过程中难免存在差异与冲突，是交流过程中所秉持的宽容大度精神促进了不同社会意识的融合与共存，这与海纳百川的海洋精神是一以贯之的。

（四）繁荣阶段：彰显 21 世纪海丝精神的时代意义

在我国与东盟建立战略伙伴关系十周年的历史节点上，"21 世纪海上丝绸之路"的构想应运而生，我国海上丝绸之路也在清朝衰败以后进入重新繁荣阶段。相较于鸦片战争以前的历史阶段，21 世纪海上丝绸之路具有鲜明的时代特征，而 21 世纪海上丝绸之路精神也在这一背景下有了新的内涵，这种"新"主要表现在两个方面：一是以往海上丝绸之路精神的政治、经济、文化内涵被赋予了新的内容，二是海上丝绸之路精神有了新的表现。

第一，21 世纪海上丝绸之路和平合作、尚新图变精神的政治内涵。和平与发展是当今世界的时代主题，21 世纪海上丝绸之路和平合作与尚新图变精神的政治内涵被赋予了平等与改革的新内容。一方面，古代海上丝绸之路和平合作的精神是朝贡贸易的产物，虽然通过丝绸的交换能够建立国家间的和平友好局面，但是在交流双方地位上，占主导权的始终是国力强大的一方，而另一方只能是处于隶属地位，这与我国现在奉行的和平外交理念是截然不同的，相较于其他超级大国，我国在国际交流中更为重视平等协作，21 世纪海上丝绸之路对和平的诠释也更为纯粹。另一方面，古代海上丝绸之路尚新图变精神是陆上丝绸之路被阻断后的被动选择，更多的是基于丝绸输出与消费的需要，它的问题在于一旦这一主观需求弱化，海上丝绸之路将不复盛景。实际上，历朝历代都有一定程度的海禁，而清朝的闭关锁国则是这一被动选择隐患的极端表现，21 世纪海上丝绸之路倡议的提出则是我国基于国内外现实情况做出的主动选择，是改革开放的延续，其发展的决心也更为坚定。

第二，21 世纪海上丝绸之路重商务实、互利共赢精神的经济内涵。世界市场的建立，为经济资源在世界范围得到合理配置提供了机会，21 世纪海上丝绸之路重商务实、互利共赢的经济内涵被赋予了竞争与人民性的新内容。一方面，古代丝绸之路重商务实的精神是统治阶级希望增加财政收入的产物，无论是制度设计，还是实际操作，都是为封建统治者服务的，经济活动显然不可能具有现代商业所推崇的竞争精神，最多是利率分配比例的调整，世界市场的建立为我国经济发展提供了机遇，却也因商品出入的压力面临挑战，21世纪海上丝绸之路立足市场运行规律，政府主要起到的是宏观调节的作用。另一方面，古代海上丝绸之路的互利共赢是政府间的行为，得利最多的也是封建统治者，民间贸易虽有发展，但绝谈不上主要力量，21世纪海上丝绸之路的互利共赢更加侧重于民间行为，人民作为国家主人的地位在这里为互利共赢精神提供了人民性，即人民是海上丝绸之路的参与主体，也是创造性力量。

第三，21世纪海上丝绸之路互学互鉴、开放包容精神的文化内涵。物质条件与精神层次的提高，使得21世纪海上丝绸之路互学互鉴与开放包容精神具备了真正互动的精神。古代海上丝绸之路的文化交流，在内容上已经趋向多元化，但是受到造船技术与航行知识的客观限制，并不是沿线每一个国家的文化都能被其他国家所了解与借鉴，技术更为先进、航行线路更长的国家的文化更易于得到广泛传播，如此一来，文化的互学互鉴实质是航海技术较落后国家对先进国家文化的学习借鉴，而文化的开放包容也更多的是前者对后者的开放与包容，这无异于文化侵略，与当今倡导的文化多元并非同一概念。21世纪海上丝绸之路互学互鉴与开放包容的精神是多极互补、多元并尊的，中华文明、阿拉伯文明与印度文明等都应该是文化交流的主体，文化间的交流理应是互动，而非一极主导。

第四，21世纪海上丝绸之路重祖亲乡、乐善好施精神的社会内涵。海上丝绸之路的发展，是当今海外华侨众多的主要原因之一，唐朝以后我国东南一带的农民因为破产，多为谋生冲破海禁，通过海上丝绸之路前往海外，而这些劳动人民对当地的经济发展与地方建设都做出了积极贡献。而更为可贵的是，华侨在我国近代以来建设发展的过程中一直提供着强大的物质与精神支持，无论是孙中山对"华侨乃革命之母"的褒扬，还是华侨对祖国发展的无私奉献，都体现了他们重祖亲乡与乐善好施的精神，而这同时也是21世纪海上丝绸之路精神的社会层次，在社会的本质是关系的总和这个意义上，21世纪海上丝绸之路精神的社会内涵主要表现在华侨与家乡之间血浓于水的关系上。

海上丝绸之路的历史绵延两千多年,21世纪海上丝绸之路的建设更是让它从历史走向繁荣发展的未来,其中所表现出来的海上丝绸之路精神无疑是宝贵的财富。在历史的视野下,海上丝绸之路精神不是一成不变的文字,而是变化发展、内涵丰富的人们改造主观世界的成果。因此,在21世纪的时代背景下,海上丝绸之路精神是海上丝绸之路沿线国家在长期交往过程中形成的,包含了和平合作、尚新图变的政治内涵,重商务实、互利共赢的经济内涵,互学互鉴、开放包容的文化内涵,以及重祖亲乡、乐善好施的社会内涵的与时俱进的智力、知识、思想、观念等成果,是宝贵的精神财富,具有重大现实意义。

二、海丝精神的内涵解析

海上丝绸之路是中国与世界其他国家(地区)开展经济、文化交流交往的海上通道,是贯穿东西方文明的重要文化桥梁和纽带,它不仅是一条贸易交换之路,更是一条文化交流之路。从汉唐之际起始,历经两千多年的发展延拓,海上丝绸之路沿线国家和谐发展、互利共赢,沿线海洋群体逐渐形成了勇立潮头、与风浪拼搏、与命运抗争的冒险精神,舍家离乡、简朴恭谦、海纳百川的禀性品德,以及对崇高理想、奋斗目标、高尚情怀不懈追求的顽强意志。习近平总书记指出,"千百年来,丝绸之路承载的和平合作、开放包容、互学互鉴、互利共赢精神薪火相传","实现民族振兴的共同使命和挑战,需要我们弘扬丝绸之路精神,促进文明互鉴,尊重道路选择,坚持合作共赢,倡导对话和平"。[①] 因此,海丝精神是以和平合作、开放包容、互学互鉴、互利共赢为基本内涵,体现尚新图变、重商务实、重祖亲乡、乐善好施等内容的与时俱进的精神,是中华优秀传统文化的重要

---

① 习近平:《弘扬丝路精神 深化中阿合作——在中阿合作论坛第六届部长级会议开幕式上的讲话》,中国政府网(https://www.gov.cn/xinwen/2014-06/05/content_2694830.htm)。

组成部分，是提升我国国家文化软实力的关键作用因素。青年是祖国的未来、民族的希望，也是我们党的未来和希望。高校作为意识形态领域的前沿阵地，要充分运用中华优秀传统文化的宝贵资源，将海丝精神融入校园文化建设之中，使青年大学生产生强烈的海丝精神文化认同，并能够将其核心价值内化于心外化于行，在提升文化自觉、增强文化自信的同时，促使其树立正确的世界观、人生观、价值观，为培养和造就全面发展的社会主义建设者和接班人做贡献，同时为实现中华民族伟大复兴的中国梦提供人才保障和智力支持。

海上丝绸之路的开拓体现出五种典型的精神特质：①多极支撑的交往框架。空间上，海上丝绸之路的建设和发展主要有中国、印度、中东、欧洲四个极点的共同支撑，通过多元文明交往的彼此依托、相互协调，实现各国政治、经济、文化等多方面的合作共赢。显然，该交往框架已成为维系此通道的强大生命力量。②本土为基的交往意识。在海上丝绸之路多元文明交往过程中，如何运用本土为基的发展模式，批判引进外来文化，实现本土文化的创造性转化和创新性发展，在保持不同文明体系个性的同时，为各自文明发展输入新鲜血液，使其焕发全新的发展力量，这是丝绸之路沿线国家都在努力思考的关键问题。③平等互补的交往原则。总体来看，海上丝绸之路的起源与发展表现出明显的对称性和平等性，不同文明之间相互影响、相互补充，不仅在手工制作、农耕方式等技术层面彼此借鉴，同时也促进了宗教信仰、政治制度等文化领域的互补互融，实现了不同民族之间的共同发展。④多元并尊的交往姿态。中华文明、印度文明、阿拉伯文明和欧洲文明等各类主要的文明体系在海上丝绸之路的沿线交往中，依旧保持着各自的原有地位，彼此互不取代、互不压制，反而相互尊重，各美其美，呈现出各种文化存异并弘的多元文化发展姿态。①⑤和平友好的交往秩序。虽然海上丝绸之路沿线国家也发生过一些战争，但基本属于地区内的局部战争或军事扩张，所以总体上都还一直保持着和平友好的交往秩序。两千年的道路开辟和历史延续，没有明

---

① 参见汤天甜、温曼露《〈穿越海上丝绸之路〉：文化意象的影视化表达与意义共建》，载《西南交通大学（社会科学版）》2020年第2期，第88页。

显的文明斗争的强加,也没有强势的武力征服和资源掠夺,海上丝绸之路建设表现出的更多的是和平发展的交往智慧和交往秩序。

海丝精神是依托海上丝绸之路而产生的独具特色且内涵丰富的精神质态,可以说,它是中华优秀传统文化中集文化辐射力、文化整合力和文化感召力于一体的重要思想政治教育资源。海丝精神反映了中华民族虚怀若谷、海纳百川、开放包容的优秀品质,在面对多国家语言文化、多民族习俗文明相互交融时,能够坚定地保持对本民族的文化定力,固本归元并强基传统文化价值,这显著地体现了海丝精神开放包容的重要核心素质。开放是一种姿态、思维,包容是一种气度、涵养。开放包容要求不仅要"开眼看世界",还要能够"走出去"融入世界,要用一种世界的眼光和思维兼收并蓄、博采众长,要以海纳百川的气度悦纳不同民族和地域的文化习俗、发展道路,在相互包容、求同存异过程中实现共同发展繁荣。[1]

海丝精神的价值取向和显著特征在于重祖亲乡、乐善好施和尚新图变、重商务实。海丝沿线国家海洋族群都有着舍家离乡、忍受客居的强大勇气,在开拓沿线的过程中,他们战风斗浪、敢于拼搏,凭着创新实践、刻苦务实的精神,以及放眼四海、宏阔包容的广博胸怀,接纳各地新事物、新思潮、新文化,成为多元文明交流互融的桥梁和纽带。与此同时,海洋族群不断探索、奋勇向前,也形成了吃苦耐劳、以苦为乐的气量禀赋。他们在海外有所发展以后,大多选择回乡谒祖、慷慨捐资、造福同乡,为家乡建设做出力所能及的贡献,此种精神品质口口相传延续至今。

海丝精神的方法路径、时代意义分别为和平合作、互学互鉴,实现互利共赢。从古代儒家"和实生物,同则不继",到近代"中学为体,西学为用""师夷长技以制夷",再到改革开放以后中国"引进来、走出去"经济发展思维,以及当前的"一带一路"倡议构想等等,无不体现中国坚持"八音合奏,终和且平"的宏阔气度,以及期待世界各国合作共赢、共同发展的美好愿景。在开辟海上丝绸之路的

---

[1] 参见于安琪、王诺《"21世纪海上丝绸之路"集装箱海运网络连通性分析》,载《上海海事大学学报》2019年第4期,第72页。

过程中,也可以看到,中国的四大发明造福了世界,中华文明也因此远扬四海。与此同时,西方的天文、历法在相互交往中不断涌入中国,实现了不同国度、不同文明间的互学互鉴,也为各国人民友好交往、共同发展搭建了平台。海上丝绸之路的构建为沿线国家提供了一个坦诚对话、深入合作的平等交流平台,为形成有机的命运共同体、责任共同体奠定了坚实基础。尤其在当前经济全球化发展的前提下,合作是发展的手段和方法,和平则是保障和前提,以和平促进合作、以合作推动发展已成为世界共同发展进步的时代潮流。海上丝绸之路沿线国家通过互惠合作方式,共同应对挑战和威胁,共同谋划利益和福祉,国与国之间的贸易投资规模不断加大,相互间的利益融合度也日益加深。各民族深化友好合作,实现互利共赢,是凝聚各国发展合力、推动各地持久发展的重要利益纽带。

因此,海上丝绸之路不仅仅是一条天然的矿产资源分布带,还是一条重要的政治经济交往带,更是一条多民族杂处、多宗教交织、不同文明互鉴交往的文化发展带。弘扬海丝精神,就是要促进各类文明和平互鉴,实现"五色交辉,相得益彰;八音合奏,终和且平"。同时,需要注意的是,人类文明没有高低优劣之分,不同文化交流过程中,不能要求各民族拥有同一种文化发展模式,"履不必同,期于适足;治不必同,期于利民"。要带着开放包容的交往心态,通过和平合作、互学互鉴的交往方式,在相互尊重、和平对话中实现互利共赢。海上丝绸之路不仅在时间上沟通了古今,也在空间上跨越了领域,体现了人与人、国与国、民族与民族、文明与文明之间的相互包容、相得益彰,是新时代人类发展共进的历史新篇章,也表现出与时俱进的时代价值。

第二节　海上丝绸之路精神的时代价值

海丝精神中的创新进取理念，鼓励各国在经济发展中不断创新，开拓新的市场和领域。在当今时代，科技创新已成为推动经济发展的核心动力。各国可以通过加强科技创新合作，共同研发新技术、新产品，提高经济发展的质量和效益。同时，海丝精神也为创业者提供了广阔的舞台，鼓励他们勇于创新、敢于冒险，开拓国际市场，为经济发展注入新活力。

一、文化价值

（一）促进文化交流与融合

海上丝绸之路是古代东西方文化交流的重要通道，海丝精神中的开放包容理念，为不同文化之间的交流与融合提供了良好的氛围。在当今时代，各国之间的文化交流日益频繁，海丝精神有助于促进不同文化之间的相互理解、相互尊重，推动文化的多样性发展。例如，中国举办的各类文化活动，如"丝绸之路国际文化博览会"等，为各国文化交流提供了平台，促进了不同文化之间的融合与创新。

（二）传承和弘扬优秀传统文化

海上丝绸之路沿线国家拥有丰富的历史文化遗产，海丝精神为传承和弘扬这些优秀传统文化提供了契机。各国可以通过加强文化遗产保护和利用，开展文化旅游等活动，让更多的人了解和认识这些优秀传统文化。同时，海丝精神也激励着各国人民在传承优秀传统文化的基础上，不断创新发展，为人类文明进步做出新贡献。

（三）提升国家文化软实力

海丝精神中的和平友好理念，有助于树立国家的良好形象，提升国家的文化软实力。在国际交往中,各国可以通过文化交流、人文合作等方式,传播本国的优秀文化和价值观,增强国家的文化影响力和吸引力。例如,中国通过开展对外文化交流活动,如开办孔子学院等,向世界传播中国文化,提升中国的文化软实力。

二、社会价值

(一)促进社会和谐与稳定

海丝精神中的和平友好理念,为各国之间的和平共处提供了重要的思想基础。在当今时代,各国之间的联系日益紧密,海丝精神有助于促进各国之间相互信任、相互合作,共同维护世界和平与稳定。同时,海丝精神也鼓励各国在国内加强社会建设,促进社会和谐发展,为人民创造更加美好的生活。

(二)推动社会公平与正义

海丝精神中的合作共赢理念,强调在合作中实现共同发展,这有助于推动社会公平与正义的实现。各国可以通过加强国际合作,共同应对全球性挑战,如贫困、疾病、环境污染等,为实现全球可持续发展做出贡献。同时,各国也可以在国内加强社会公平建设,缩小贫富差距,提高人民的生活水平。

(三)培养公民的全球意识和社会责任感

海丝精神中的开放包容、合作共赢等理念,有助于培养公民的全球意识和社会责任感。在当今时代,全球化已成为不可阻挡的趋势,各国公民需要具备全球视野和社会责任感,积极参与国际事务,为推动全球发展和人类进步做出贡献。海丝精神可以通过教育、文化等多种途径,培养公民的全球意识和社会责任感,提高公民的综合素质。

第三章　海上丝绸之路精神融入
　　　　高校招考改革探析

近年来，随着我国高等教育事业的迅速发展，全国各高校的招生规模得到一定程度的扩张，招生方式越来越多，招生范围也随之扩大。本章以高校对华侨学生（以下简称"侨生"）的考试招生为例，分析海上丝绸之路精神融入高校招考改革的现实路径。本章所指华侨为定居在国外的中国公民，简言之，国外任何持中国护照者，只要具有定居性质即是华侨。针对侨生招生改革，各方学者仁者见仁，智者见智，但若借鉴中华优秀传统文化（如海丝精神）并从中中获得裨益，不仅可以为当前侨生招考改革延拓思路，还可以防微杜渐，为侨生招考的长久发展提供理论和现实支撑。

第一节　高校大学生招考制度的变迁

新中国成立以来，特别是1952年以来，随着高等学校考试招生（以下简称"高考"）制度的确立，一系列连接高等学校和亿万考生，并且事关国家团结稳定、引发社会关注的考试招生制度得以建立，高校侨生招考制度就是其中之一。高校侨生招考制度是党和国家为实现选拔华侨优秀青年进入高校，塑造其国家认同和民族认同，引导其自觉维护祖国统一、传承中华文化、促进民族团结的目标而做出的重要制度安排。"人类社会的历史是一部制度认知、选择和演变的历史"①，制度变迁决定了人类历史中的社会演化方式，因而是理解历史变迁的关键。因此，下文将从制度变迁的视角对我国高校侨生招考的历史演变进行回顾梳理，把握该制度变迁的动力、规律、轨迹，考察该制度建设所取得的成果，并结合当下面临的现实挑战，就考试招生的建设优化进行展望，以期为新时代高校侨生招考工作创新提供镜鉴。

一、变迁脉络

1949—1976年为单轨主导、局部探索的制度萌芽期。该时期是新中国招生考试制度的形成期。这一时期的主要特征是：高校侨生招生制度服从于高考制度，尚未形成独立的制度安排，同时国家允许并鼓励以广东为代表的局部地区结合具体情况进行港澳台招生考试制度的初步探索。新中国成立伊始，为保障国家建设所需人才，同时也为确保各项事业的平稳过渡，1949年，中央人民政府决定"沿用新中国成立前的高校单独招考方式选拔新生"②；1950年，为克服单独招考引发的考试不公问题，"东北、华北、华东三大区73所学校联合招生考试"③；1951年，全国149所高校参加统一招考；1952年7月8日，教育部《关于实现一九五二年培养国家建设干部计划的指示》正式将统一招考作为政治任务，高考制度正式确立，同时成立全国高等学校招生委员会，负责组织领导高校招生工作；1953—1965年，我国高校侨生招生实行单轨主导的模式，侨生同样参加高考，成绩达到录取标准时，同等条件下优先录取。1966—1976年"文化大革命"时期，主要招收侨生的暨南大学和华侨大学被迫停办，文化考试被推荐与选拔相结合替代，高校侨生招生制度建设由此中断。

1977—1997年为双轮驱动、加权赋能的制度成型期。这一时期的主要特征是：高校侨生招生制度逐渐从高考制度中独立出来，初步形

---

① 刘大椿：《百年学术精品提要：经济学、管理学、社会学及其他》，知识产权出版社2006年版，第262页。
② 李木洲：《高考改革的历史反思——基于制度变迁的视角》，华中师范大学出版社2014年版，第53页。
③ 杨学为：《中国考试通史》（第5卷），首都师范大学出版社，2004年版，第41页。

成了两校联招考试、全国联招考试双轮驱动的制度模式，大大扩大了高校招生自主权，提高了侨生升读高校的比率。1977年，邓小平同志发表《关于科学和教育工作的几点意见》，要求立即恢复高考，我国高等教育战线的拨乱反正正式拉开序幕，在此背景下，高校侨生招考制度迅速恢复重建。1980年，高校侨生招考制度正式从高考制度中独立出来，成为一种全新的、承担独特任务的招生考试制度，高校侨生招考开始单独命题、考试和录取；1983年，中宣部、教育部、国务院侨务办公室《关于进一步办好暨南大学和华侨大学的意见》提出"允许华侨大学和暨南大学两校单独招生"，此后，暨南大学、华侨大学联合招收港澳台侨及外籍学生入学考试（以下简称"两校联招"）迅速确立；1985年以后，经过七校联考、九校联考试点，越来越多的高校开始联合举行侨生招生考试，并于20世纪90年代拓展为覆盖全国的普通高等学校联合招收华侨、港澳台学生考试（以下简称"全国联招"）。至此，两校联招与全国联招正式成为高校侨生招生制度的固定模式。在此期间，高校招生自主权不断扩大，可以根据自身实际需求和办学特点招收侨生，积极性和主动性得到进一步激发。

1998—2011年为接轨互认、强化支撑的制度巩固期。这一时期的主要特征是：高校侨生考试招生制度开始与侨生所在地区各类制度接轨，同时，作为与招生考试制度配套的奖学金制度相继出台，强化了对招生考试工作的支撑和保障作用。教育部、财政部于2005年、2006年相继出台了港澳台侨学生入读高校的奖学金制度，实现了从"适当照顾优先录取"到"根据成绩择优奖励"的转变，进一步提高了配套优惠政策的科学性和针对性，对侨生形成了追求卓越、向上向学的正向激励，从而保证了招生质量。

2012年至今为重点突破、鼓励创新的制度丰富期。这一时期最主要的特征有两点：一是普通高等学校联合招收华侨港澳台学生入学考试迅速发展，得到越来越多高校的支持，侨生招考规模获得重点突破；二是高校侨生招考制度迎来了重大历史机遇期，有关高校在招生制度方面的创新得到越来越多的鼓励和支持。至此，相互支撑、各有侧重、因地制宜的高校侨生招考制度体系初步形成。

二、变迁综述

国家需求是高校侨生招考制度变迁的根本动力。根据我国学者廖平胜的观点,"凡成文法规性考试的创建与实施,都是国家意志的体现"①,因此,高校侨生招考制度作为承载国家意志的重要载体,必然要随着国家需求的变化而不断变迁。

(一) 变迁动力:国家需求与多方诉求叠加

中华人民共和国成立初期,巩固国家政权,打击帝国主义嚣张气焰,消除西方敌对势力对国内意识形态安全的威胁是国家的首要需求,在此背景下,国家大力支持广东地区面向侨生考试招生。与此同时,高校侨生招考制度必须尽可能地回应各界华侨对公平的诉求,必须尽可能契合各地区经济、社会、教育、科技等事业发展的实际,同时也要考虑内地各界对高等教育效率的要求,因此,各地区以及内地社会各方面需求共同构成了高校侨生招考制度变迁的重要动力。

(二) 变迁模式:"自上而下"与"自下而上"结合

一方面,"中国政体的突出特点是以中央政府为中心的一统体制"②,在这种体制下,中央政府通过"自上而下"的制度供给推动政策方针在各地的贯彻落实,确保上下一心、令行禁止,从而实现对整个国家的治理。同时,根据学者卢现祥的研究,"中国在计划经济时代和改革之初,均选择的是'自上而下'的供给主导型制度变迁方式"③。在具体的实践过程中,1979年之前,高校侨生招生制度服从于高考制度,从测试制度到录取制度再到管理制度的变迁无不体现"自上而下"推动的实践逻辑,由教育部制定具体规则,各省市各高

---

① 廖平胜:《考试学原理》,华中师范大学出版社2003年版,第153页。
② 周雪光:《中国国家治理的制度逻辑——一个组织学研究》,生活·读书·新知三联书店2017年版,第10页。
③ 卢现祥:《新制度经济学》,武汉大学出版社2011年版,第184页。

校负责具体贯彻落实。另一方面，高校侨生招考制度作为一项承担特殊政治使命、面向特殊人群、接轨特殊地区的制度，其设计又有其灵活性的一面。中央政府通常会给地方政府和高校一定的行动自主权，以便其探索更加符合实际情况的制度安排。例如，允许华侨大学、暨南大学探索对侨生自主招生，鼓励福建省、广东省发挥区位优势和侨乡优势探索制定接轨侨生所在地区的招生政策和侨生升入高校优惠政策。地方高校和政府一旦认识到新制度安排具有潜在收益，就会主动进行制度创新，即形成"自下而上"的诱致性制度变迁。

（三）变迁特征：渐进变迁与路径依赖交融

在诺斯看来，人类历史存在渐进式变迁与突进式变迁两种制度变迁路径，除去战争、灾难等极端事件引发的突进式制度变迁外，绝大部分制度变迁是连续性、渐进式变迁。与绝大部分制度一样，我国高校侨生招考制度的变迁亦遵循渐进变迁的路径。首先，这是由我国的国情决定的。作为一个幅员辽阔、地域特征多样的大国，稳定的局势和共同的信念是我国实现有效治理的关键，这就决定了我国政府在推进制度变迁时必然采取审慎的"摸着石头过河"的态度，以免不同地区之间围绕制度产生巨大的分歧而导致各类矛盾激化。同时，高校侨生招考制度作为一项承载着独特政治使命的制度，要尽可能在中央统一制度和各地区独特制度之间寻找契合点，并且最大限度地消弭制度和价值差异，因此必然要保持一种审慎的理性。其次，这是多种利益主体博弈的结果。我国高校侨生招考制度的形成本质上是中央政府与其他政府、内地学生与侨生博弈的结果，参与博弈的各类主体价值观、思想观念、利益诉求等各不相同，欲达成共识，尽量获得多方认可，必然要进行长久复杂的博弈，这也决定了这一制度设计必然要同时兼顾多种复杂利益主体，受到多方力量的制约，因此只能是渐进式的变迁。最后，这也得到了70年制度变迁实践的印证。通过对70年来20余项核心制度的梳理可以得知，中央政府始终是制度变迁的主导者，同时，在具体实施过程中，除因"文化大革命"的中断外，高校侨生招考制度在1953—1979年间始终采取高考制度，在1980年至今主要采取两校联招、全国联招等多种形式,其间未有中断。此外,在具体内容方面,1980年以来,我国关于两校联招和全国联招的具体规定基本是连续的,只是在不同年份根据实际情况对考试科目、报考条件以及录取标准等进行过简单修改,最大限度地保证了制度的连续性与稳定性。

高校侨生招考制度变迁之所以呈现渐进式特征与其路径依赖密不可分,根据诺斯的观点,制度成本、学习效应、协调效应和适应性期望四者共同导致了制度变迁的路径依赖。首先,"制度最初设立时的初始成本是巨大的"[①]。因此,制度变迁的主导者往往倾向于维护制度的稳定性,以最大限度降低制度成本。其次,社会中的组织,如高校等,为了适应最新的制度,往往需要一个学习的过程,以熟悉制度的内容、程序和价值,而一旦高校完成了这一学习过程,便成为新制度的自觉遵循者和积极拥护者,这从越来越多的高校参与全国联招考试和各高校免试招生可以得到验证。再次,制度确立后,制度相关者往往围绕制度实施形成协调效应,在这一过程中相关者在制度的正式约束之下围绕各自的诉求和具体实践的需求达成各种非正式契约,形成行动共识。最后,一项制度一旦受到社会的欢迎,便会强化相关主体对该制度的适应性期望,从而降低该制度施行的不确定性,增强制度的持久性,从而达到报酬递增的效果。综上,我国高校侨生招考制度的渐进变迁与路径依赖是相互交融、彼此互补的,二者共同维持了这一制度的稳定性和持久性。

---

① [美]道格拉斯·C.诺斯:《制度、制度变迁与经济绩效》,上海格致出版社2008年版,第112页。

第二节　高校大学生招考面临的挑战

自秦汉以来，我国华侨历尽艰辛、艰苦创业，在全球各地创造了无数令人惊叹的成绩。其中很多华侨虽然身居海外，但依旧心系祖国，对祖国有着深厚的情感和文化认同。我国华侨教育兴起于晚清时期，在19世纪70年代，清政府面临内外交困，不得不因应时势，改变侨务政策。直到20世纪初，出现了第一次华侨兴学高潮，清政府开始创立暨南学堂，制定华侨学堂规则，通过推行"新政"等手段广揽华侨人才。至此，华侨教育才算得到了真正意义上的推动与发展。1931年，国民政府颁布《华侨子弟回国就学办法》，随后《保送及介绍侨生升学规程》等也相继予以通过。尤其在1942年太平洋战争爆发后，大批海外侨生被迫归国就学，国民政府特别设立"紧急救侨委员会"，安置救济退回难侨，并多次颁布训令，要求优待归国侨生，同时在经济上予以帮扶，并积极介绍其入学。

中华人民共和国成立以后，华侨教育一直都为国家及各地区所重视，当前现行的高校侨生招录方式有考试入学、免试入学两种。考试入学又分为两校联招和全国联招。其中，两校联招实行"3+X"考试形式，必考科目为中国语文、英语、数学，另外一门科目可由考生自选，文科考生可选科目为历史、地理，理科考生可选科目为物理、化学、生物。全国联招考试科目相对固定，针对文史类各专业的考试科目为中国语文、数学、英语、历史、地理，理工农医类各专业的考试科目为中国语文、数学、英语、物理、化学。免试入学条件规定，在海外高中毕业或具同等学力，中国汉语水平考试（简称"HSK"）达标者，经学校驻外使（领）馆、招生处或侨团、侨校、侨界知名人士推荐，也可由本人申请并有两位老师推荐，视其中文或英文程度以及中学阶段的成绩、操行评定、健康状况等方面情况，可免于笔试，择优录取。另外，为了照顾部分基础相对薄弱的华侨考生，特规定，如若未达到本科录取标准，还可申请入读预科，学制一年。学习期满，考试成绩达到结业标准者准许结业。其中各科成绩合格、品德良好者将直升所在学校本科相关专业。除此之外，华侨大学等侨校还针对侨生设置了两校联招校长保送、参与教育部高校免试计划、香港中六免试、副学位毕业生保送等绿色通道，为侨生招考入学提供更多便利途径。

经过多年的修订与完善，侨生招考制度正在逐步地走向成熟，但在联招考试和免试入学等招考环节依旧存在较多争议。联招考试方面，诸如考试功能异化、考试内容教材化、考试方式单一化等问题，一定程度地制约了招考择优目的的有效实现。众所周知，考试的主要功能在于选拔优秀考生，但是如果过分地强调其甄别淘汰功能，在给考生及家长带来压力和负担的同时，还可能直接导致学生的片面发展，并影响其成长成才。另外，现行的联考命题拘泥于教学大纲，以"知识立意"为中心的命题模式助长了学生死记硬背的学习习惯养成，也使得很多中学只强调智育、片面追求升学率的现象出现。虽然近年有提出"能力立意"命题，但单一的闭卷考试方式又严重地限制了对考生实践能力、个性、情感和创新能力的考查，选拔效果有所折扣。再者，免试入学的考核除了对个人提交资质进行审查，主要根据推荐和面试成绩决定去留，这种类似自主招生的招考制度也一度引起公众的质疑。此种招考模式是否在一定程度上抹杀了教育的公平性，或者说在影响地区公平、校际公平等的同时，是否会成为滋生腐败的温床等问题都是学者争议的焦点。还有，在具体政策实施过程中，高校自主招生的定位及面试标准不明确，部分高校还把招生初审范围限定在某些城市或重点高中。更有甚者，部分中学为了提高升学率，"推良不推优"的做法使得人们更加质疑推荐免试入学制度的客观公正性。因此，高校侨生招考制度改革依然任重道远。

另外，随着"双一流"战略的持续深入实施，我国高等教育在校际层面形成了"一流大学"与非"一流大学"的区分，在高校内部也形成了"一流学科"与非"一流学科"的判别，在资金、政策、理念、制度、人才等因素的综合作用下，高校之间、学科之间的差距逐渐被拉大，高校因此在高等教育系统中被分置于不同层级，学科则在高校内部面临不同的发展命运。在此前提下，不同高校和学科难免形成迥然不同的发展模式，随之而至的是招生策略的分化与区分。一方面，"一流大学"和"一流学科"为保持其卓越地位必然采取"质量为王""优中选优"的策略，以极低的录取率选拔港澳台学生中的最优者；另一方面，非"一流大学"和非"一流学科"为了争取生源维持生存，不得不采取降分录取、以量取胜的策略，尽可能地降低对港澳台考生综合素质的要求。当两类高校采取截然不同的招生策略时，全国联招将不可避免地出现分化。此外，高校和学科的分化必然导致港澳台学生群体的分化，一部分学生以追求卓越为目标，选择进入竞争激烈的"一流大学""一流学科"，另外一部分学生以追求学历为目标，选择进入门槛较低的非"一流大学"和非"一流学科"，这在一定程度上将强化社会对教育分层和阶层固化的担忧，动摇其对高校考试招生制度的认同，而如何为持有截然不同价值观的港澳台学生群体量身设计不同的考试招生模式，将是未来高校侨生招考制度建设的重点和难点。

第三节 高校大学生招考改革的现实路径

考试招生是教育系统中的重要环节，对于选拔和培养人才具有关键作用。海丝精神和科举学研究作为两个独特的领域，其蕴含的理念和经验对考试招生都有着深远的影响。海丝精神融入大学生考试招生改革不仅有助于培养大学生的综合素质和国际视野，还对高等教育的发展以及国家的战略需求具有深远影响。海丝精神强调开放包容、合作共赢，将其融入大学生招考改革，能够引导学生树立积极的人生态度和价值观。学生在这种精神的熏陶下，会更加注重自身综合能力，包括跨文化交流能力、团队协作能力等的提升，从而实现全面发展。海丝精神蕴含着广阔的国际视野，通过融入这一精神，大学生招考改革能够促使学生主动了解和适应国际环境，培养他们在全球化背景下的竞争力和适应力。另外，将海丝精神融入大学生招考改革，有助于培养出符合国家战略需求的创新型人才。这些人才将在推动经济发展、加强国际合作等方面发挥重要作用，为国家的长远发展提供坚实的人才支撑。同样，这也是对传统文化的传承和弘扬，有助于增强大学生的文化自信和民族自豪感，让他们更好地肩负起传承和发展中华文化的使命。

海丝精神中的开放包容、交流互鉴等特质，与科举学所体现的文化传承和人才选拔的理念有一定的契合之处。科举制度在一定历史时期内也促进了文化的交流和融合。海丝精神与科举学研究为考试招生提供了丰富的思想资源和实践经验。通过融合两者的理念，可以促进考试招生制度的完善，培养适应时代需求的高素质人才，推动教育事业的发展。当前高校侨生招考要坚持自身改革方向，优化招生录取方式，建立科学规范的评价模式，同时探索践行招考分离制度，在确保招考各环节公平公正公开的前提下实现优秀人才的甄别选拔。

一、坚持侨生招考改革方向，适度增加自主招生比例

在科举考试制度不断发展的过程中，考试科目逐步趋同，考试内容渐渐统一，选拔的目标也从专才走向通才。如唐代举办科举，各科考试内容不断增加，难度也持续加大。直到宋代，进士科开始统合其他常科，做到一枝独秀。在考试管理方面，科举立法和不断严密的防作弊手段也很大程度地确保了考试的公平性。如宋代推行锁院、复试、二次评卷、对读等制度，建立了相对完备的考试管理制度体系。虽然对于考试公平的片面追求，从某种程度上助长了考试投机心理的滋生，也容易在选拔人才等方面出现遗漏现象，但其对考试公正性和权威性的维护作用不可磨灭。

多年来，两校联招、全国联招和免试招生等多条路径并用的侨生招考模式虽然还是存在问题并亟待解决，但是通过多种方式的交叉补充，既坚守了考试的公平性，又保留了选拔的多元性，表现出一定的

合理性。因此，侨生招考的改革大方向是必须要坚持的，而且推荐免试所占比例和招生计划也要适当增加，这在某种程度上还能起到引导各地区开展素质教育和多元化教育改革的功用。① 再者，面对招考中出现的种种问题，要通过持续的改革更新以适应不断变化的教育形势。例如，淡化招生考试选拔性功能，适度扩大高校侨生招考名额，试行"宽进严出"教育方式，促进学生全面发展；实行多元化考试方式，转变命题指导思想，确立"以能力为中心"，增加如面试、口试、实验等能力型、应用型试题，着重考查学生对知识的理解、分析和运用能力，培养挖掘学生的发散思维和科学探索能力等。

二、调整侨生招考自身定位，优化招生录取选拔方式

古代科举考试以选拔"修、齐、治、平"的治术人才为主要目的，在很大程度上也促进了儒家经学、文学和史学的快速发展。例如，汉朝以经术取士，唐朝以诗赋为主要录取标准，唐五代盛行一史、三史科，北宋王安石改革科举"以经义论策试进士"，明清科举以八股制义为主要文体，将格律、声韵、对偶、排比作文推向极致等。另外，科举考试受到国家政治、社会经济以及民族文化等多种因素的制约，对社会各方面发展产生了深远的影响。唐宋时期，科举制度的发展受到封建统治阶级政治势力消长和经济形态变化的影响，一方面促进了社会各阶层之间的上下流动，实现了人才选拔和淘汰的重要过程，另一方面也使其逐渐成为中国官僚制度的重要杠杆和稳压器。后来随着国家政治、经济、文化重心的变迁，明清时期的科举趋向于维护区域取士的公平，确定了分省定额取士制度。

当前，很多高校开展华侨教育和侨生招考的主要目的在于为侨服务、传播中华文化，以中华民族优秀传统道德文化培养造就人才，所以这些办学宗旨或目标都应当在招生考试当中有所体现，同时引导基础教育的发展方向。招考过程中，为了尽可能地均衡教育机会，可根

---

① 张天雪、盛静茹：《我国高校自主招生的实践模式》，载《清华大学教育研究》2014年第12期，第35页。

据各地教育水平和社会发展状况，确定国家（地区）的侨生录取比例，以适当改变不同地区侨生接受我国高等教育的机会差异。另外，还要多元化招考选拔方式。① 侨生招考不应仅仅停留在选拔智商高的学生层面，要采取多种灵活考核方式，对智商、情商全面发展的考生予以甄别并选拔入学。如尝试依托各省教育考试院，以各高校日常教学大数据信息为依据，建立高考成绩和中学校内成绩间的比对系统，最终构建过程性评价、阶段性评价和现场评价相结合的选拔评价机制，同时还可以有效增加免试入学制度的信度和效度。②

三、建立科学规范评价模式，适当公开招生考核标准

作为古代人才选拔的权威手段，科举考试促进了国家各地区求学风气的盛行和普及。但同时其对官学、私塾等办学方向、培养目标以及教学实践等的影响至深，各地学校在某种程度上已然沦为科举的附庸，育人功能明显削弱。因此，这也给予现代侨生招考以启示，对于大规模选拔性考试，其形式和内容必须要随着社会和教育的不断发展加以改进，也只有遵循这一规律才能保持考试制度的长久活力与稳定。

侨生招考不仅具有甄别选拔之功能，还对基础教育有着明显的导向和评价作用，所以清晰明确的考核评价体系能够在某种程度上为基础教育开展文化基础课教学、素质教育、创新思维训练等指明方向。但是当前高校侨生招考定位、免试入学标准不明确，招生简章中体现的报名条件和选拔标准都大致相同，如学习成绩优良，品行良好，在科技创新、社会服务、文体等方面有突出表现，等等，而各因素的权重到底有多少、如何评价对比这些因素、各个考生如何进行跨校比较等这些问题都尚未明确。因此，无论是从招考公平角度，还是从对基础教育的引导角度来看，都应当对考核评价标准

---

① 刘海峰：《高考改革的突破口：自主招生的一个制度设计》，载《中国高等教育》2011年第9期，第43页。

② 万圆：《同构异质：高考与科举差异论》，载《考试研究》2011年第2期，第25页。

予以量化并适当公开。再者,为了增加侨生招考的科学化水平,还要注重考核内容的多学科、多层次交叉性,如增加逻辑思维、文学艺术、分析决策等内容,充分利用考核的评价功能,给予考生相对公平、公正的考评结果。

四、引进侨生招考分离制度,形成公平公正选拔机制

究其本质,科举考试制度之所以能够坚守一千多年之久,是因为其坚持能力本位原则,采取公平择优、平等竞争、成绩面前人人平等的选才方式,具有远超当时封建时代的合理性,当前侨生招考改革理应从中汲取相关经验。由于受当时科技发展和社会进步程度所限,未能实现招考分离,也或许对于当时的各种政治、经济、文化环境,招考环节一并由政府主导确是最为合宜之策,但是从当今社会科技进步和高等教育的发展环境来看,推进侨生招考分离制度,促使公平透明选拔机制形成已是大势所趋。

《国家中长期教育改革和发展规划纲要(2010—2020年)》明确指出,要探索招生与考试相对分离的办法,政府宏观管理,专业机构组织实施,学校依法自主招生,学生多次选择,逐步形成分类考试、综合评价、多元录取的考试招生制度。招考分离可以使高校从繁杂的招考事务中脱离,并能集中精力和资源进行招生标准及命题思路的制定工作。例如,清华大学等五校联合招生所推出的"GSI测试"[①],将招生测试分为通用基础测试、高校特色测试和面试三个模块,考生可以凭借GSI中的基础测试成绩增加在多所高校参加招生考试和被录取的机会。另外,待该模式相对成熟之后,还可尝试将通用基础测试的命题、阅卷等工作委托给专业的第三方考试机构完成,以推动落实招考分离制度,促进侨生招考公平公正选拔机制的有效实现。

---

① 2010年,清华大学和上海交通大学、中国科学技术大学、西安交通大学、南京大学在自主招生和保送生测试中开展合作,共同发起"部分985大学自主选拔测试",这一测试分成了通用基础测试(general exam)、高校特色测试(special exam)、面试(interview)三个模块,简称"GSI测试"。

第四章　海上丝绸之路精神融入大学生思想政治教育的路向

作为东西方经济文化交流的重要桥梁，海上丝绸之路体现的是一种人格上的百折不挠、政治上的开放包容、经济上的合作互利，以及文化上的交流互鉴。"千百年来，丝绸之路承载的和平合作、开放包容、互学互鉴、互利共赢精神薪火相传。实现民族振兴的共同使命和挑战，需要我们弘扬丝绸之路精神。"[①] 青年是祖国的未来、民族的希望，也是我们党的未来和希望。所以要将海丝精神充分应用于高校青年大学生的思想政治教育当中，并从中华优秀传统文化中汲取精神养分，为培养和造就全面发展的社会主义建设者和接班人做贡献，同时为实现中华民族伟大复兴的中国梦提供人才保障和智力支持。将海丝精神融入高校思想政治教育之中，可以丰富思想政治教育内容、增添思想政治教育特色，并提高思想政治教育实效性。高校要以课堂传授为主要渠道，将海丝精神寓于思想政治理论课教学；以课外活动为辅助措施，用海丝精神促进思想政治教育实践育人；以校园文化为重要载体，使海丝精神融入思想政治教育体系建设；以新媒体宣传为助推动力，借海丝精神开创思想政治教育新格局。

---

① 习近平：《弘扬思路精神　深化中阿合作》，载《中国青年报》2014年6月6日第1版。

第一节　海上丝绸之路精神在高校思想政治教育中的价值体现

新时代，面对经济全球化的发展大背景，大学生的思想受到市场经济的巨大影响，有些表现出各种各样的思想道德问题，其中很大一部分原因在于未能合理地处理多种文化的兼容和冲突，从而产生思想、道德等方面的对抗矛盾，影响自身世界观、人生观和价值观的正确树立。因此，要将开放包容的发展理念植入高校思想政治教育的根部，针对当前大学生遇到的实际困惑和迷茫，从根源上解决思想认识问题，提升思想政治教育的实效性。另外，在和平教育的大环境下，要能够激发学生碰撞思维、集聚能量的合作原动力，培养学生的实践合作能力，以及集体主义和奉献精神，使和平合作教育有源、有序、有质。互学互鉴是在尊重多元文明、多样化道路的基础上，相互学习、相互借鉴、共同发展。在高校，同样要抓紧"以学生发展为本"的思想核心，突出师生之间、生生之间的沟通交流和信息传递，强调主体参与和实践体验，将团结协作、互学互评要求融入学生主动探究学习以及日常教育管理的全过程。需要注意的是，对于价值观尚需继续培育和引导的大学生来说，建基于互利基础上的共赢发展教育、思想道德教育至关重要。因此，海丝精神对于高校思想政治教育的时代价值主要体现在以下三个方面。

一、海上丝绸之路精神丰富了高校思想政治教育的内容

当前我国高校的思想政治教育以课堂理论知识灌输为主，而相对单一枯燥的理论传输形式很难调动学生学习的积极主动性，缺乏激起学生民族自尊心和文化自信心的猛烈冲击感和教育感染力。海丝精神

作为一种开放的、包容的精神理念，具有与时俱进性和持久创新性，其倡导的互学互鉴、合作共赢理念与思想政治教育的目标高度地契合。因此，海丝精神不仅可以作为大学生思想政治教育内容的有效补充，同时也为高校深入开展思想政治教育提供了有益借鉴和方法路径。

将海丝精神融入思想政治教育内容，可以使教育更加贴近实际、富有时代感，从而激发学生的学习兴趣和积极性，培养他们全面发展的素质和能力。同时，这也有助于传承和弘扬中华民族的优秀传统文化，增强国家的文化软实力。海丝精神融入思想政治教育可以体现在以下七个方面：

（1）历史传承与文化自信。介绍海上丝绸之路的历史背景和发展过程，让学生了解中国在古代的辉煌航海成就，增强民族自豪感和文化自信。

（2）开放与包容的理念。强调海丝精神中的开放心态和包容精神，引导学生树立正确的世界观和价值观，培养他们的宽容和理解能力。

（3）合作与共赢的意识。阐述海上丝绸之路所体现的合作共赢理念，教育学生在人际交往和社会合作中注重团队精神，学会与他人共同发展。

（4）创新与进取的精神。鼓励学生在学习和生活中勇于创新、积极进取，培养他们的创造力和开拓精神。

（5）风险与挑战的应对。讲述在海上丝绸之路上面临的各种风险和挑战，引导学生正确面对困难和挫折，培养他们的坚韧意志和风险应对能力。

（6）国际视野与文化交流。拓展学生的国际视野，让他们了解不同国家和地区的文化差异，促进跨文化交流与合作，培养他们的国际意识和全球胸怀。

（7）社会责任与担当。引导学生思考其在海上丝绸之路建设中的社会责任，培养他们的社会责任感和担当精神，鼓励他们为社会发展做出贡献。

二、海上丝绸之路精神增添了高校思想政治教育的特色

随着全球各国多方合作的不断深入,丝绸之路沿线国家的交流和往来也日益频繁。海上丝绸之路精神正在被赋予全新的时代价值,并以其独有的特色和魅力展现于世人面前。同时,高校思想政治教育也需要跟上时代的步伐,保持与时俱进,不断创新,实现教育内容和方法的新突破。[①] 通过海丝精神的引入,可以督促大学生积极学习、努力探索,以更加饱满的热情和自信面向、社会面向未来,以开放包容的姿态融入中华民族伟大复兴的中国梦实践当中,自觉承担时代赋予的历史使命。

将海丝精神融入高校思想政治教育中,可以为其增添特色和活力,培养学生的爱国主义精神、开放包容的心态、创新进取的精神等,提高他们的思想政治素质和综合能力。

(1)开设相关课程或讲座。在高校思想政治教育课程体系中,增设关于海上丝绸之路的专题课程或讲座。通过讲解海上丝绸之路的历史背景、文化内涵、经济意义等方面的知识,让学生深入了解这一重要的历史事件和精神。

(2)组织实践活动。组织学生参与与海上丝绸之路相关的实践活动,如实地考察、文化交流、志愿服务等,让学生亲身体验海上丝绸之路的魅力,增强他们对海丝精神的认知和感悟。

(3)开展研究性学习。鼓励学生开展关于海上丝绸之路的研究性学习,培养他们的研究能力和创新思维。通过研究海上丝绸之路的历史、文化、经济等方面的问题,让学生深入挖掘海丝精神的内涵和时代价值。

(4)举办文化活动。举办与海上丝绸之路相关的文化活动,如文化展览、文艺演出、主题班会等。通过丰富多彩的文化活动,让学生

---

① 岳宗德:《在大学生思想政治教育中加强传统文化教育探析》,载《思想政治教育研究》2016年第1期,第97页。

感受海上丝绸之路的文化魅力，提高他们的文化素养，增强他们的民族自豪感。

（5）加强师资队伍建设。加强高校思想政治教育师资队伍的建设，提高教师的专业素养和教学水平。通过培训、进修等方式，让教师了解海上丝绸之路的相关知识和精神，以便更好地将其融入教学中。

（6）营造校园文化氛围。在高校校园内营造浓厚的海上丝绸之路文化氛围，如设立文化墙、雕塑、宣传栏等。通过校园文化的熏陶，让学生在潜移默化中接受海丝精神的教育。

三、海上丝绸之路精神提高了高校思想政治教育的实效性

大学生肩负着使祖国兴旺发达的历史重任，对其思想政治教育的效果好坏直接关系国家的未来发展。高校要不断完善思想政治教育体系，增强思想政治教育的实效性，使学生产生内心认同并接受思想政治教育，建立正确的思想政治学习目标。高校可通过选择体现海丝精神的典型事例、影片和访谈记录等，对大学生进行多角度、全方位的思想政治教育，增强教育内容的科学性、针对性。另外，还可将海上丝绸之路精神的和平合作、互学互鉴等理念融入日常教育教学，从方法论角度提升思想政治教育的实践效果。

将海上丝绸之路精神融入高校思想政治教育中，可以丰富教育内容，创新教育形式，提高教育的针对性和实效性，培养具有国际视野和创新精神的高素质人才。将海丝精神融入思想政治教育课程中，如中国近现代史纲要、毛泽东思想和中国特色社会主义理论体系概论等，通过讲解相关历史事件和人物，引导学生树立正确的世界观、人生观和价值观。组织学生参与与海上丝绸之路相关的实践活动，如参观博物馆、文化遗址等，让学生亲身感受历史文化的魅力，增强对海丝精神的理解和认同。在校园内营造浓厚的海上丝绸之路文化氛围，如举办文化讲座、展览等，通过文化的熏陶，提高学生的文化素养和

道德修养。海丝精神强调创新和进取,高校可以通过开展创新创业活动、组织科研项目等方式,培养学生的创新精神和实践能力。海上丝绸之路是连接中国与世界的重要纽带,高校可以通过开展国际交流活动、开设国际课程等方式,拓宽学生的国际视野,增强他们的国际竞争力。

第二节 海上丝绸之路精神融入思想政治教育的路径

海丝精神是中华优秀传统文化的重要组成部分,为高校思想政治教育提供了丰富的教育资源。将海丝精神融入新时期高校思想政治教育中,将有利于大学生更加形象生动地把握思想政治教育的具体脉络和重要使命。高校可以通过将海丝精神寓于思想政治理论课教学,促进思想政治教育实践育人,同时融入思想政治教育体系建设,以开创思想政治教育全新格局。

一、以课堂传授为主要渠道,将海丝精神寓于思想政治理论课教学

思想政治理论课是对大学生进行思想政治教育的主要阵地和渠道。当前,高校思想政治理论课以马克思主义基本理论为主要内容,以理论灌输为主要教学形式,学生的学习积极性普遍不高。将海丝精神寓于思想政治理论课教学,并有针对性地寻找海丝精神与当前大学生思想实际相契合的关键点和衔接点,是促进高校思想政治教育价值实现的有效方式。这样不仅可以使学生在学习的过程中开阔视野,同时也能够增强其对世界政治、各国文明的深入了解,增强学生的自豪感和归属感,并激发其努力学习的热情和积极性。

高校思想政治理论课要紧密跟踪大学生普遍关注的社会热点和焦

点问题，以及多元价值取向给大学生带来的思想冲击和精神困惑，积极贴近其思想和心理实际，运用大学生喜闻乐见的方式和手段，将海丝精神生动形象地展现于理论课课堂，使大学生深刻理解海丝精神的科学内涵，并领悟新形势下海丝精神的时代意义。教师也要主动引导大学生进入历史画面，及时与学生沟通教学内容，尤其对于重点和难点要通过教学模式的灵巧变换，促进大学生的认识与领悟，使其真正做到内化于心、外化于行。

二、以课外活动为辅助措施，用海丝精神促进思想政治教育实践育人

大学阶段是大学生树立正确的世界观、人生观和价值观的重要时期，也是其人生思想价值观念不稳定且易受影响的关键期，而开展课外实践活动是高校思想政治教育除理论课教学以外的最重要的教育形式。通过实践活动的锻炼，让大学生更加坚定自己正确的思想和观念，同时也能够直接地帮助其检验和修正原先不太正确或不太确定的理解和认识，并对自己处理问题的思维和行动做出基本决断。因此，将开放包容、互利共赢的海丝精神与课外实践活动进行有效融合，是高校思想政治教育实践育人的重要途径。

高校课外实践活动的内容丰富、形式多样，需要通过多元化的方式和载体将海丝精神巧妙地融入思想政治教育实践育人环节，并且要与课堂实践紧密联系，实现相互促进。除了在课堂上介绍引入歌颂海丝精神的影视作品、诗词歌曲，还可以积极开展"我心目中的海上丝绸之路精神""海上丝绸之路精神薪火相传"等主题演讲，"海上丝绸之路精神是否过时"等辩论比赛，以及"弘扬海上丝绸之路精神"文学作品读书报告会等活动，使大学生在快乐学习的过程中，完成对海丝精神的实践感触和深层认知。

三、以校园文化为重要载体,使海丝精神融入思想政治教育体系建设

如马克思所说:"既然人的性格是由环境造成的,那就必须使环境成为合乎人性的环境。"校园文化承载着大学师生共同努力创造的精神财富,对学生的思想品德、价值取向的选择至关重要。良好的校园文化环境可以感染、陶冶、启迪学生,激发其个人情感,传递正能量,并提升其对校园文化的认同。将海丝精神与校园文化建设相结合,营造具有鲜明海丝精神因子、中华优秀传统文化与大学生思想政治教育相融互通的育人氛围,将对大学生的健康成长起到潜移默化的关键教育作用。

作为弘扬海丝精神的重要阵地,校园文化活动是学校思想文化软实力的重要体现,不仅丰富了学生的校园生活,还对学生的情感和性格有着显著的塑造作用。高校可以发动成立以大学生为主体的海丝精神研究团队,定期在学校开展知识宣讲、文化竞赛等活动,结合校报、板报以及橱窗展览等多元化的前后期宣传方式,使海丝精神成为大学生共同的价值追求和信仰理念。

四、以新媒体宣传为助推动力,借海丝精神开创思想政治教育全新格局

当今时代,网络新媒体以其强大的信息交互性、便捷性、实效性等特点,成为高校开展思想政治教育工作的有效平台,同时也构成了继承、弘扬海丝精神的重要宣传抓手。尤其自媒体化的信息生产和裂变式传播的社交网络格局,已经促使多样化的思想文化场域以及社会舆论生态快速形成。高校思想政治教育工作只有顺应形势的发展变化,不断地巩固和拓展思想政治教育阵地,才能在意识形态复杂多元的情势下牢牢把握教育主导权,唱响思想文化主旋律。

高校要积极将海丝精神融入新媒体宣传过程中,运用多种技术手

段紧守社会发展第一"话语权"。要善于发挥新媒体的技术优势,通过电视广播、网络直播等时下较为流行的传播方式展开推送,建立以弘扬海丝精神为主体框架的宣传网站,并在微信、微博、QQ空间等模块设立海丝精神专栏,以提升大学生实时互动的积极性和趣味性,让大学生最大限度地感受海丝精神的内涵与魅力。同时,通过此种方式,还可以培养学生对海丝精神的认同感,并将海丝精神融入个人的行为决策当中,从根本上提升思想政治教育的实效性,开创新时期网络思想政治教育新格局。

第五章 海上丝绸之路精神在大学生思想政治理论课教学中的运用

高校思想政治理论课的教学不仅在于对马克思主义理论的系统讲解,同时也肩负着传承优秀传统文化的历史使命。在高校思想政治理论课中融入传统文化元素,有利于开展马克思主义中国化的理论成果教育,增强思政教学的实效性,并弘扬中华优秀传统文化。通过精心设计思想政治理论课教学内容、构建教师学生双向互动的教学导向、不断创新探索思政课课堂教学模式、运用地方资源实现多元化教学手段等途径促进中华优秀传统文化充分融于思想政治理论课教学之中,有助于全面提升大学生综合素质水平,开创新时期高校思想政治教育工作新局面。

第一节 中华优秀传统文化对于思想政治理论课的价值

中华优秀传统文化积淀着中华民族最深层的精神追求,包含着中华民族最根本的精神基因。高校作为意识形态工作的前沿阵地,肩负着培育和弘扬社会主义核心价值观,为实现中华民族伟大复兴的中国梦提供人才保障和智力支持的重要任务。当前,外来文化与中华优秀传统文化激烈碰撞,西方意识形态不断渗透,对大学生的思想产生了复杂的影响。作为高校思想政治教育的主渠道和主阵地,思想政治理论课不仅肩负着对大学生进行系统马克思主义理论教育的重要任务,而且承载着传承优秀传统文化的历史使命。如何客观看待新形势下高校思想政治理论课教学面临的机遇和挑战，怎样利用中华优秀传统文化的丰富资源创新思想政治理论课教学，是摆在高校教育工作者面前的重大课题。

中华优秀传统文化蕴含着锤炼大学生思想品质、培育大学生政治品格、提升大学生道德品行、完善大学生人格品性的思想政治教育资源。高校思想政治理论课要深入挖掘中华优秀传统文化讲仁爱、重民本、守诚信、崇正义、尚和合、求大同的时代价值，使中华优秀传统文化成为创新大学生思想政治教育实践、改革思想政治理论课教学、涵养社会主义核心价值观的重要源泉。因此，将中华优秀传统文化融入新形势下思想政治理论课，汲取中华优秀传统文化的思想精华和道德精髓，进一步加强高校意识形态阵地建设，对于继承和发扬中华优秀传统文化，巩固马克思主义在意识形态领域的指导地位，创新发展大学生思想政治教育理论体系都具有十分重要而深远的意义。

中华优秀传统文化，是中华文明成果根本的创造力，是中华民族历史上道德传承及各种文化思想、精神观念形态的总体，包括思想、文字、语言，以及"六艺"，即礼、乐、射、御、书、数，还有武术、曲艺、棋类、节日、民俗等。中华优秀传统文化塑造了中华民族所特有的自然观念、民族精神、国家意识、社会理想和人生取向，为大学生思想政治理论课提供了取之不尽的精神财富。将中华优秀传统文化融入高校思想政治理论课教学，能够使大学生充分认清中华文化的独特创造、价值理念和鲜明特色，始终保持对自身文化的自信，坚持中华文化以理服人、以文服人、以德服人的生命禀赋和生存耐性，始终保持对自身文化的耐力，坚定不移地走中国特色社会主义文化发展道路，始终保持对自身文化的定力。①

博大精深的中华文化，蕴含着宝贵而丰富的思想政治教育内容，是高校思想政治理论课教学不可或缺的重要资源。孔子曰："发愤忘食，乐以忘忧，不知老之将至云尔。"（《论语·述而》）《周易·乾·

---

① 参见林春玲、吴立明《高校思想政治理论课中融入孝文化教育的探索》，载《思想政治教育研究》2014年第5期，第36页。

象》谓:"天行健,君子以自强不息。"曾子曰:"士不可以不弘毅,任重而道远。"(《论语·泰伯》)这些是对理想信念、进取精神的集中体现和生动写照。《礼记·礼运》中"天下为公"的大同理想、《诗经》中"夙夜在公"的道德要求、贾谊的"国而亡家、公而亡私"(《贾谊·治安策》)、孟子的"其自任以天下为重"(《孟子·万章下》)等是对中华民族爱国主义精神的集中体现。孔子提倡"见贤思齐,焉见不贤而内自省也"(《论语·里仁》),《中庸》强调"君子慎其独也",《大学》视"修身"为"齐家、治国、平天下"之根本,这些都是思想道德教育的例证。"己所不欲,勿施于人"(《论语·卫灵公》)的忠恕之道来实现"泛爱众"(《论语·学而》),追求和谐友善的人际关系,"仁者爱人"的价值理念强调爱亲与爱众的统一,提倡"己欲立而立人,己欲达而达人"(《论语·雍也》),"以和为贵"的价值理念强调修身成仁的身心和谐、推己及人的人际和谐、天人合一的天人和谐、协和万邦的世界和谐,追求人、社会、自然、国家等要素间的和谐统一,这些是人生观、价值观教育的重要资源。

高校思想政治理论课要求课堂教学必须坚持用发展的思想武装学生头脑,以教材为教学基本遵循,在教材体系向教学体系转化上下功夫,不断改进教育教学的内容、形式和方法,真正做到融会贯通、熟练驾驭、精辟讲解。[①]要利用中华优秀传统文化的资源与语境,增强育人的实效性。坚持以马克思主义为指导的方法论前提,正确把握中华优秀传统文化在当代思想政治教育中的应有地位,本着"古为今用、推陈出新"的原则,理性分析中华优秀传统文化对大学生思想政治教育的实用价值。

---

① 参见曲建武、谭月明《增强思想政治理论课育人实效的"三个重要"的立论》,载《思想理论教育导刊》2015年第1期,第97页。

第二节 高校思想政治理论课教学存在的问题

高校思想政治理论课教学在高等教育中具有至关重要的地位,是培养学生正确世界观、人生观和价值观的重要途径。在当今多元化的社会环境中,学生面临着各种思潮的影响和冲击。通过系统的思想政治理论课教学,能够让学生深入了解马克思主义基本原理、中国特色社会主义理论体系等重要思想,树立科学的世界观、人生观和价值观,增强对国家、民族和社会的认同感和责任感,培养坚定的理想信念和高尚的道德情操。思想政治理论课有助于提升学生的思想政治素质,不仅传授理论知识,更注重培养学生的政治意识、政治敏锐性和政治鉴别力。学生在学习过程中,能够了解国家的政治制度、政治运行机制和政治发展趋势,增强对政治问题的分析和判断能力,提高参与政治生活的积极性和主动性。

高校思想政治理论课对学生的道德品质培养起着关键作用。课程内容涵盖了道德伦理、社会公德、职业道德等方面的知识,通过理论讲解和案例分析,引导学生树立正确的道德观念,培养良好的道德行为习惯。同时,思想政治理论课还注重培养学生的社会责任感、诚信意识、团队精神等品质,使学生成为有道德、有担当的社会公民。此外,思想政治理论课在促进学生全面发展方面也具有重要意义。它与学生的专业学习相互渗透、相互促进,有助于学生在知识、能力、情感等方面实现协调发展。思想政治理论课能够培养学生的思维能力、创新能力和实践能力,使学生在面对复杂问题时能够运用所学知识进行分析和解决,提高综合素质和适应能力。同时,高校思想政治理论课对于维护社会稳定和国家长治久安具有重要意义。培养具有正确思想观念和良好道德品质的大学生,能够为社会输送积极向上、稳定可靠的力量,减少社会不稳定因素,促进社会和谐发展。在全球化背景下,各种思想文化相互激荡,通过加强思想政治理论课教学,能够增强学生的文化自信和民族自豪感，抵御西方不良思想文化的侵蚀，维护国家的意识形态安全。

高校思想政治理论课涉及政治学、哲学、社会学、历史学等多个学科领域，通过教学和研究的相互促进，推动这些学科的发展和创新。同时，思想政治理论课的教学实践也为教育教学方法的改革和创新提供了丰富的经验和素材。在高校教育管理中，思想政治理论课的重要性不容忽视。学校管理层要高度重视思想政治理论课程的建设和发展，提供必要的资源支持和保障，确保教学质量和效果。教师队伍的建设也是关键，要培养和选拔具有较高政治素质和专业水平的教师从事思想政治理论课教学工作。总之，高校思想政治理论课教学是高等教育不可或缺的重要组成部分，其重要性体现在培养学生的思想道德素质、促进学生全面发展、维护社会稳定和国家长治久安等多个方面。我们应充分认识到其重要价值，不断加强和改进思想政治理论课的教学，为培养德才兼备的社会主义建设者和接班人做出积极贡献。

高校思想政治理论课以马克思主义为指导，以正确的世界观、人生观、道德观和法律观为主要内容，主要涉及哲学、法学、政治学、伦理学、社会学和心理学等学科的知识，综合性和实践性特点明显。中华优秀传统文化是中华民族在长期历史发展中形成的物质财富和精神财富的总和，包括思想观念、礼仪制度、思维方式、价值取向、道德规范等不同层次的丰富内容。思想政治理论课教学环节是通过理论学习和实践体验，帮助大学生形成崇高的理想信念，弘扬民族精神和时代精神，树立社会主义法治观念，全面提升学生的综合思想素质。理论课教学只有以多维目标为指导，以实现课程基本内容的人文观为重点，系统而立体地设计教学模式，才能真正构建培养科学人生价值观的教与学实践过程。必须进一步落实立德树人的教育根本任务，坚持育人为本、德育为先，用中国特色社会主义理论体系武装头脑，把社会主义核心价值观融入教育过程，引导广大学生树立正确的世界观、人生观和价值观。

目前，我国高校的思想政治理论课教学尚存在个别明显的问题，一定程度地阻碍了教学目的的基本实现和教学效果的有效达成。首先，高校教育教学目标的选择、教学形式的设计和师生关系的定位等都与学生的学习效果紧密相连，高校思想政治理论课教学要充分尊重学生的主体地位，坚持以学生为本的教学理念，倡导以"导"为本的正面施教，创造平等、和谐的教学氛围，充分调动学生参与课堂讨论的积极性和主动性。部分高校思政课堂教学基本以教师为主体，教材为中心，师生交往的丰富内涵演变为单一的认知关系，教学内容的传递基本是从书本到课堂，缺乏对静态情景的动态拓展，而学生被固定在各种概念和原理的思考当中，教学本应具有的生活意义和教育价值难以体现。其次，部分思想政治理论课教师对教学内容选择的自主性不强，未能很好地将现实生活体验与课堂理论教学联系起来。学生没有完全地作为课堂的主体参与到教学活动当中，对生命价值和道德法律素养等理论知识的理解还不够充分，教学实践效果有待强化。最后，思想政治理论课教学应该使学生在学习马克思主义科学理论的同时，通过师生之间、学生之间的多向交流，培养探求真理的兴趣，提高创新思维能力。有部分课堂教学采用填鸭式、说教式的方法，偏离了学生的现实生活，难以达到理想信念教育、道德教育和法制教育的应有效果。学生通过课程学习很难将所学理论知识实际应用于日常生活当中，自我经验积累也比较有限，人格的自我构建难以完成。

第三节　海上丝绸之路精神融入思想政治理论课教学的路径

高校思想政治理论课通过课程的讲授帮助大学生树立正确的"三观"，培养良好的思想道德素质。传统文化教育是思想政治理论课的重要载体，将思想政治理论课的目标、内容与传统文化有机结合，融优秀传统文化教育于思想政治理论课之中，通过借鉴、继承、转化、阐释与发扬优秀传统文化，增加传统文化中的人文精神元素，充实思想政治理论课内容，可以有效地增强思想政治教育工作的实效性、科学性和针对性,提升思想政治理论课教学实践效果。① 因此,高校思想政治工作者要充分挖掘和利用优秀传统文化资源,积极探索传统文化融入高校思想政治理论课的有效策略与路径。

一、大学生思想政治理论课教学的路径改革路向

思想政治理论课是高校对大学生进行系统的马克思主义理论和思想道德教育的主要渠道和基本环节,要求大学生积极把个人人生理想融入国家和民族的事业之中,树立为中华民族伟大复兴的中国梦而奋斗的决心和信心。

(一)春风化雨,精心设计思想政治理论课教学内容

大学生的课堂学习是一种创造性的认知和实践,必须经历自主探索、思考接纳并融会贯通的过程,才能实现知识体系的完整构建,而忽视人的整体性存在是导致课堂程式化和缺乏生机的根本原因。因此,要摆脱传统知识课堂的思维束缚,积极构建自由发挥、共同参与的生活课堂理念,将传统文化中的优秀元素进行梳理,并有针对性地嵌入思想政治理论课教学之中,使学生的思维意识得到最大限度的伸展。在高校思想政治理论课教学中融入传统文化教育,首先要科学合理地设计教学内容,对课程内容、教材内容与教学实际进行综合加工,合理选取和组织教学内容,运用理论与实践相结合的方式,有效安排教学内容的呈现与表达。另外,在思想政治理论课教学中融入传统文化教育要注重方式方法的恰当选择,不仅要以高度的概括性和深刻性呈现文化的内容,还要运用马克思主义的立场、观点与方法,客观、历史地评价传统文化,使之顺应时代发展的要求,与现代文明相协调,与当代社会相适应,使其成为思想政治教育的良好素材。

将海丝精神有机地融入思想政治理论课教学中,可以丰富教学内容,提高学生的学习兴趣和参与度,培养他们的综合素质和社会责任

---

① 参见杨汉民《思想政治理论课要与传统文化紧密结合》,载《中共山西省委党校学报》2013年第2期,第120页。

感。引入海上丝绸之路的历史故事，通过讲述海上丝绸之路的起源、发展和变迁，可以让学生了解中国古代与世界各国的经济、文化交流，感受先辈们的开拓精神和智慧。探讨海上丝绸之路的文化内涵，分析海上丝绸之路所承载的文化元素，如宗教、艺术、科技等，可以帮助学生理解文化的多样性和交流互鉴的重要性。研究海上丝绸之路的经济意义，探讨海上丝绸之路对中国和世界经济发展的影响，可以培养学生的经济意识和全球视野。强调海上丝绸之路的合作精神，可以引导学生认识到合作共赢是海上丝绸之路的核心价值，培养他们的团队合作能力和社会责任感。此外，还可以鼓励学生参与"一带一路"建设，结合当前中国的"一带一路"倡议，鼓励学生思考如何在新时代传承和发扬海丝精神，为国家的发展贡献力量；开展实地考察和调研活动，组织学生参观与海上丝绸之路相关的历史遗迹、博物馆或参与相关的社会实践活动，让他们亲身体验和感受海上丝绸之路的魅力；进行跨文化交流与比较，将海上丝绸之路与其他国家或地区的类似历史事件进行对比，培养学生的跨文化交流能力和批判性思维；融入创新创业教育，鼓励学生在海上丝绸之路的背景下，培养创新精神和创业意识，为未来的职业发展做好准备；加强国际理解教育，让学生了解不同国家和地区在海上丝绸之路中的角色和贡献，增进国际理解和友谊；组织主题辩论和讨论，围绕海上丝绸之路的相关话题，组织学生进行辩论和讨论，激发他们的思维能力和表达能力。

(二) 潜移默化，构建教师学生双向互动的教学导向

《国家中长期教育改革和发展规划纲要（2010—2020年）》明确提出："关心每个学生，促进每个学生主动地、生动活泼地发展，尊重教育规律和学生身心发展规律，为每个学生提供适合的教育。"现代教育模式已逐步由传统的封闭型转向开放型，教育的价值目标由"学而优则仕"转向"学以致用"，教育的评价手段由"应试"评价转向"素质"评价，所有这些变化都直接或间接地要求，必须重新定位新型的符合时代要求的师生关系。要让教师充分认识中华优秀传统文化的价值，认识到加强传统文化素养的重要性和紧迫性，增强中国

传统文化教育的自觉性和责任感；要加强相关师资力量的培养，造就一批具有深厚传统文化素养的思想政治理论课教师，使他们能够将马克思主义理论与中国优秀传统文化教育有机地融入课堂教学当中，并在教学中对大学生进行潜移默化的影响和教育。思想政治理论课教学要以正确的教育思想作指导，具备素质教育和创新教育的新型教学理念，积极调动大学生的个人主观能动性，并重点关注不同个体的差异性。课堂教学中，教师应与学生平等对话、相互支持，始终以宽容和爱心关怀大学生的成长，积极构建双向互动的师生关系：一是认知关系，师生认知关系的协调，应该超越对教材的烦琐语义分析，回到个体现实的生活经验中进行认知的互动；二是教学关系，师生之间在人格上是平等的，要克服以往的以教师、教材为中心的知识本位观，促使师生共同创造发展，实现教学相长。

海丝精神可以促进构建教师学生双向互动的教学导向，营造积极活跃的教学氛围，提高学生的学习效果和综合素质。同时，也有助于培养学生的开放心态、合作意识和创新精神，使其更好地适应社会发展的需求。①培养学生的主体性，海丝精神鼓励学生积极参与、主动探索。在教学中，可以通过问题引导、小组讨论等方式，激发学生的学习兴趣和主动性，让他们成为学习的主体。②建立平等的师生关系，开放和包容的精神要求教师尊重学生的个性和差异，与学生建立平等、民主的关系。这样的关系有助于促进师生之间的互动和交流，鼓励学生发表自己的观点和想法。③促进教学方法的创新，勇于探索和创新的精神促使教师不断改进教学方法和手段。采用多样化的教学方法，如项目学习、案例教学、实践活动等，可以增加学生的参与度，提高教学效果。④加强团队合作，合作共赢的精神在教学中体现为教师与学生之间的合作以及学生之间的合作。通过小组合作学习、团队项目等活动，培养学生的团队合作能力和沟通能力，促进师生之间、生生之间的互动与协作。⑤培养学生的创新能力，海上丝绸之路精神鼓励创新思维和实践能力。在教学中，可以引导学生提出问题、探索解决方案，培养他们的创新意识和创新能力。教师可以提供创新的学习环境和资源，鼓励学生尝试新的方法和思路。⑥促进跨学科学习,海上丝绸之路涉及多个学科领域,通过跨学科的教学方式,可以激发学生的综合思维和跨学科能力。教师可以引导学生从不同学科的角度思考问题,促进学科之间的互动和融合。⑦强调实践教学,海上丝绸之路精神与实践紧密相关。通过实践教学、实习实训等方式,让学生将所学知识应用到实际中,培养学生的实践能力和解决问题的能力。教师可以与企业、社会机构合作,为学生提供实践机会。⑧建立多元评价体系,开放和包容的精神要求评价方式的多元化。除了传统的考试评价,可以引入学生自我评价、同伴评价、实践表现评价等方式,全面评价学生的学习成果和能力发展。

(三) 因材施教,不断探索和创新思想政治理论课课堂教学模式

与传统的知识教学理念不同,现代教育观以培养富有个性、合作性、创造性的身心和谐发展的未来人为主旨,强调知识因素、学习者因素以及与之相关的社会因素间的相互协调,重点关注课堂教学文化属性、社会属性和人本属性的辩证统一。中华优秀传统文化要融入高校思想政治理论课,就必须要充分发挥思政课教学的主渠道、主阵地作用,积极渗透传统文化的教育内容。要努力挖掘和利用优秀传统文化资源,创新探索思想政治理论课课堂教学模式,将其融入高校思想政治理论课的备课、授课、教学、考试等各个教学环节,实现因材施教,使优秀传统文化自然而贴切地进教材、进课堂、进学生头脑。①作为课堂教学的延续与补充,良好的校园文化对学生形成正确的世界观、人生观和价值观发挥着重要作用,是传统文化传承的重要载体。传统文化要融入高校思想政治理论课,必须要以校园文化为载体,营造学习优秀传统文化的良好氛围。高校思想政治理论课应该把传统文化作为教学的重要内容,充分利用中华文化知行合一的实践观、中庸之道的价值观,以及仁政德治、民本主义、大同理想、朴素的唯物论与辩证法传统等开展思想政治教育。结合校园文化建设的先行优势,

---

① 参见迟成勇《论中华优秀传统文化与高校思想政治理论课教学的融合》,载《思想理论教育》2014年第12期,第63页。

将校园文化中所包含的传统文化元素积极融入思想政治理论课教学，深化教育教学实践效果。

通过创新探索使思政课课堂教学更加符合海丝精神的要求，培养学生的开放心态、合作意识、创新能力和社会责任感，提高思政课的教学质量和效果。同时，还需要根据具体的教学内容和学生特点，灵活运用这些教学模式，不断进行实践和总结，以推动思政课教学的持续发展。引入多元文化和全球视野，让学生了解不同国家和地区的文化、价值观和思想。鼓励学生分享自己的观点和经验，促进思想碰撞和交流。尊重学生的个性和差异，鼓励他们积极参与课堂讨论，不轻易否定或批评。营造宽松、和谐的课堂氛围，让学生感受到尊重和信任。设计小组活动和合作项目，培养学生的团队合作能力和沟通技巧。鼓励学生互相帮助、共同解决问题，增强合作意识。运用多媒体资源，如图片、视频、音频等，丰富教学内容，增强吸引力。尝试案例教学、角色扮演、实地考察等方法，让学生在实践中学习和体验。结合实际生活和社会热点问题，引导学生运用所学知识进行分析和思考。鼓励学生参与社会实践活动，培养他们的社会责任感和担当精神。鼓励学生提出自己的见解和想法，培养他们的创新思维和批判性思维能力。提供创新的学习环境和资源，激发学生的创造力。将思政课与其他学科，如历史、地理、经济等进行融合，拓宽学生的知识面。引导学生从不同学科的角度分析问题，培养综合素养。增加师生互动的环节，如提问、讨论、辩论等，激发学生的学习兴趣。及时给予学生反馈和评价，帮助他们改进学习方法和提高学习效果。利用在线学习平台、社交媒体等工具，拓展教学空间和时间。组织线上讨论、分享等活动，增强学生的参与度。

（四）循循善诱，运用地方资源实现多元化教学手段

教学有法，但无定法。在高等教育的课程教学过程中，教学手段和方法的使用必须恰到好处，要注重由博返约、以约驭博。教师不能仅采用一种固定不变的万能教学法解决所有问题，要根据实际情况需要，灵活变动自己的教学方法，以积极促进高等教育课堂实现由教材

体系向教学体系的重要转变。思想政治理论课教学不但不能模式化，还要成为一个不断去模式化的过程。教师要针对大学生成长过程中面对的思想道德和法律问题，有效开展马克思主义的世界观、人生观、价值观、道德观、法制观教育，综合运用相关学科知识，依据大学生成长的基本规律，教育引导大学生加强自身思想道德修养和综合素质的提升。地方文化资源对于实践教学具有颇为重要的价值，各地方都有自己得天独厚的文化优势和文化特征，大学生对这些内容有强烈的亲切感，因此，将地方文化融入实践教学，容易引起学生共鸣，激发学生的学习兴趣。可以通过考察历史古迹、调查民俗民情、搜阅相关文献、撰写调查报告和心得、制作视频短片等活动形式对大学生进行传统文化教育。在一些条件允许的地方，尤其是红色文化资源丰富的地方，可创建学校的爱国主义教育基地开展长期的、常规性的实践教学活动。因此，思想政治理论课教学必须实现教学手段的多元化，使单一的、只注重结果的知识课堂向探究型课堂转化，促使大学生把对书本知识的学习和对生活方式的建立融为一体。此外，教师还可以运用全面体验、感悟和情感陶冶等多种教学手段，为大学生营造自由宽松的教学氛围，为大学生想象力和创造力的发挥提供支持平台。

高校要通过多元化的教学手段更好地体现海丝精神，丰富教学内容，提高学生的学习效果和参与度，培养他们的综合素质和能力。同时，根据学生的实际情况和教学目标，选择合适的教学手段进行组合和运用，以达到最佳的教学效果。利用图片、视频、音频等多媒体资源，展示海上丝绸之路的历史、文化和经济背景，帮助学生更直观地感受和理解相关内容。组织学生参观与海上丝绸之路相关的历史遗迹、博物馆或文化景点，通过实地观察和体验，让学生亲身感受历史的魅力。安排学生进行小组讨论，鼓励他们分享自己的观点和想法，通过合作学习，培养学生的团队合作能力和交流能力。让学生扮演海上丝绸之路中的不同角色，如商人、航海家等，体验当时的情境和决策过程，有助于加深学生对历史的理解，并培养学生的角色扮演能力和决策能力。选取与海上丝绸之路相关的实际案例，引导学生进行分析和讨论，通过案例分析，培养学生的问题解决能力和批判性思维。

设计与海上丝绸之路相关的项目,让学生在团队中合作完成,可以培养学生的综合能力,如研究能力、团队协作能力和创新能力。引导学生利用互联网资源,搜索和整理与海上丝绸之路相关的信息。同时,可以利用在线学习平台进行交流和互动。邀请专家学者举办讲座,分享他们在海上丝绸之路领域的研究成果和经验。这可以拓宽学生的视野,增加其对相关知识的深入了解。将海上丝绸之路与其他学科(如历史、地理、经济、文化等)进行融合,通过跨学科教学,培养学生的综合素养和跨学科思维能力。设计与海上丝绸之路相关的游戏或竞赛,增加学生的参与度和兴趣,通过游戏与竞赛,激发学生的学习积极性和竞争意识。

二、传统文化教育体系的探索与实践——以 H 大学为例

习近平总书记指出:"要加强对中华优秀传统文化的挖掘与阐发,使中华民族最基本的文化基因与当代文化相适应、与现代社会相协调,把跨越时空、跨越国界、富有永恒魅力、具有当代价值的文化精神弘扬起来。"[1] 高校要促进大学生加强对中华优秀传统文化的学习和探究,强化大学生的文化认同感。面对当前社会思潮的多元化,特别是西方价值观念的冲击,迫切需要高校加速建设和完善大学生传统文化教育体系,从而保证中华优秀传统文化得到很好的继承与弘扬。

(一) H 大学传统文化教育体系优化的基本思路

1. 加强顶层设计,搭建组织机构

H 大学将中华优秀传统文化教育纳入学校事业发展规划,编制中华优秀传统文化教育规划,依托大学生文化素质教育基地等资源,以专兼职相结合的方式,整合教务、学工、通识教育学院等相关单位优势资源成立基地建设办公室,实体运作与统筹中华优秀传统文化教育。

---

[1] 康震:《大力弘扬中华优秀传统文化》,央广网(https://baijiahao.baidu.com/s?id=1595431246703026190&wfr=spider&for=pc)。

2. 加强工作思路的创新实践

H大学在构建中华优秀传统文化教育体系的基础上，探索"知情意行"的传统文化教育基本原则与逻辑进路。通过"重知、养情、坚意、持行"，从优秀传统文化知识学习、兴趣培养，到意志锤炼和实践探索，形成中华优秀传统文化的系统学习与教育培养模式。

3. 加强学科和课程建设

H大学加强相关学科专业建设和理论研究，打造一批国内外具有高显示度的学科群。发挥学校各级各类人文社科研究机构和重点研究基地的作用，就中华优秀传统文化教育展开高水平理论研究，推出一批有深度、有分量的研究成果。

4. 加强优秀教育教学骨干队伍建设，发挥示范引领作用

在各类人才培育项目实施过程中，H大学注重培养选拔中华优秀传统文化教学和研究人才，造就一批中华优秀传统文化教学名师和学科领军人才，培养一支中华优秀传统文化的宣传和讲授骨干队伍，尤其是华文教育和中华文化海外传播的优秀骨干教师队伍。

5. 加强主题活动规划，营造良好的校园氛围

H大学努力探索创建文化活动精品，整合各类中华优秀传统文化教育品牌活动，挖掘传统节日中的文化内涵，打造精品活动集群效应，增强校园氛围营造，培育活动载体与抓手，使学生能够较快地感悟、体验和认同中华优秀传统文化。

6. 加强国际交流，推动中华优秀传统文化海外传播

H大学进一步加强涉侨、海丝精神、周边外交关系等跨文化传播等研究，发挥地方文化特色优势，推进民间交流和文化交往。进一步加强"中华文化大乐园"等系列品牌项目建设，整合资源，不断拓展新的发展空间，加强中华优秀传统文化国际推广工作。

7. 加强政策支持力度，构建中华优秀传统文化教育的长效机制

H大学把加强中华优秀传统文化教育工作与建设一流大学一流学科的发展目标结合起来，与推动华文教育、涉侨研究等主线的学科建设、优势学科群打造结合起来，与大学生的行为规范结合起来，通过设立专项教育经费、探索成立中华优秀传统文化教育教研室、中华优

秀传统文化教育学分制改革等举措,建立长效机制,扎实推进中华优秀传统文化教育各项工作。

(二) H大学"根·学·爱·梦"体系建设

对于大学生传统文化教育体系建设,H大学要积极将中华优秀传统文化教育与中国梦主题宣传教育、培育和践行社会主义核心价值观相结合,重点改革和创新爱国主义教育活动,积极培育大学生的家国情怀。坚持以弘扬中华优秀传统文化为主导,以展示各地区多元文化为重点,持续开展"一元主导、多元融合、和而不同"的校园文化活动。建构"根在中国、学在中国、爱在中国、梦在中国"四位一体的中华优秀传统文化教育体系,努力实现第一课堂、第二课堂和第三课堂的有机结合,不断增强大学生对中国的文化认同、国家认同和核心价值观认同。

1. 推进"根在中国"三类实践,启蒙大学生文化认同意识

(1) 寻根文化实践。H大学通过开展"中国文化之旅"大学生夏(冬)令营活动,拓展"记录海丝家庭的中国故事""寻访非物质文化遗产传人""走进中国家庭"等寻根文化实践活动,加强大学生的根文化意识,强化民族文化认同。

(2) 侨乡文化实践。侨乡文化是"以中国传统文化为主,以外来文化为辅,兼容了本土文化、西方文化、华侨文化和港澳文化等元素,具有鲜明的中西合璧特征的一种文化类型。侨乡文化中蕴含了丰富的教育资源,通过侨乡文化实践将有助于提升德育个体知、情、信、意、行等方面的综合素质,充分发挥传统文化的导向功能、陶冶功能、激励功能和规范调节功能。

(3) 海外文化实践。H大学加强对海外文化实践工作的领导部署,明确分工,相互协调,通力合作,有计划地开展实践活动。坚持中华文化"走出去"战略,搭建海外文化交流平台,探索海外文化交流渠道,创新海外文化交流模式,使中华文化进入每一位大学生的头脑里。

2. 推进"学在中国"三项教育，培养大学生文化认同素养

（1）专业教育。H大学在相关专业教学中，将中华优秀传统文化课程作为专业核心和基础课，注重中华传统文化在专业教育中的讲读。将大学生入学教育设置为"中国传统文化教育"课程，集中式地开展文化概论、校情校史、文化实践等课程内容。

（2）通识教育。H大学成立通识教育学院，改革通识文化课程，突出中华优秀传统文化教育，开设"大学与青年发展""中国传统文化概论""中国近现代史"及"当代世界与中国"等核心课程，编撰适合大学生学习的中华优秀传统文化系列读本，将中华优秀传统文化教育系统融入课程和教材体系。

（3）精英教育。H大学积极打破专业界限，改善知识结构，实现课程教学与实践教学、互帮互助与助人自助的"双结合"，培养优秀大学生领袖，涵养侨务校友资源。组织开展"阅读经典""走进历史记忆中的南京""名家故里行"以及签订"学习目标承诺书"等中华优秀传统文化教育系列活动，使学生在实践学习过程中感受中华文化的博大精深。

3. 推进"爱在中国"三种文化，强化大学生文化认同思想

（1）节庆文化。传统节庆文化的整合可以为继承和弘扬中华优秀传统文化提供有力支持，包含德育、智育、美育及体育等诸多方面的教育内容。通过科学设置和实施，传统节庆教育可以适应不同文化背景下不同年龄段学生的经验、能力及心理特征，实现各地区学生普遍且积极地参与，达成灵活性与多样性相结合的活动，如依托各地区同学会开展中秋晚会、国庆游园、庆祝港澳回归等节庆文化活动。

（2）竞技文化。高校竞技文化活动是校园体育文化的基础，也是学校教育的重要组成部分，具有培养学生的体育能力、运动兴趣及习惯，增强学生体质，促进学生身心全面健康发展等功能。H大学积极鼓励和支持大学生根据自身的兴趣和专业知识开展各类中华优秀传统文化竞技活动，促进形成身心健康全面发展的综合型人才。

（3）社团文化。H大学重点发挥社团的号召和凝聚作用，在校学生会内部设立大学生联络部，负责联系大学生，鼓励和支持大学生成立同学会、金龙队、醒狮团等传统体育特色艺术团体,作为学习和弘扬中华优秀传统文化的重要平台和抓手。

4. 推进"梦在中国"三大计划,助力大学生文化认同行为

(1)"逐梦成才"人才培养计划。H大学以加强中华优秀传统文化教育为契机,推进大学生学分转化制度改革。学生选修中华优秀传统文化相关课程,可以换算为相关专业课程学分,采取学费补贴的形式,资助学生选修完相关学分。探索书院改革模式,针对大学生开展书院制教学培养改革,从培养机制上为中华优秀传统文化教育提供保障。

(2)"圆梦就业"就业服务计划。中华优秀传统文化教育不应是口号式的宣传,更不应是灌输式的说教,而应该从增强学生的综合文化素养,提升就业核心竞争力的新视角审视中华优秀传统文化教育的获得感,让大学生在获得感中增进认同感。H大学着力打造文化创意精品,拓展大学生文化创新创业基地,扶持具有中华优秀传统文化元素的大学生创新创业项目,为中华优秀传统文化学以致用提供有力平台。

(3)"筑梦中国"校友智库计划。为进一步推动中华优秀传统文化海外传播,发挥港澳台侨校友在推进民间交流和文化交往方面的桥梁纽带作用,H大学积极筹建"港澳台侨青年研究中心"等校属科研机构。聘请优秀港澳台校友担任研究员等学术职务,通过校友智库的建设,为进一步加强大学生的中华优秀传统文化教育提供智力支持和典型示范。

(三)H大学传统文化教育体系建设内容

1. 服务大局聚共识

围绕"培养什么样的人,怎么培养人,为谁培养人"的教育教学根本问题,结合大学生"中国梦"主题教育的重要性与特殊性,在项目建设过程中,H大学有关单位逐步统一了思想认识,形成了教育管理培养的新理念和新目标,将培养具有"家国情怀"的爱国者和中外文化交流的友好使者作为大学生培养的目标定位,为大学生"中国梦"主题教育提供了有力支持。

2. 顶层设计促改革

H大学学校领导高度重视教育管理培养工作，成立了以校长为组长，分管校领导为副组长，有关职能部门和学院为组员的教育管理培养工作委员会，强化了该组织机构的统筹协调功能。在该工作委员会的协调下，学校修订完成了专门面向大学生的人才培养方案，及时把握学校人才培养改革的相关节点，将大学生"中国梦"主题教育相关工作主动融入学校教育教学改革之中，开展了"中国梦·我的梦"大学生签订学习目标承诺书等活动。

3. 四位一体建体系

在教育教学实践中，H大学逐步凝练出"根在中国、学在中国、爱在中国、梦在中国"四位一体的培养体系，稳步推进"三类实践、三项教育、三种文化、三大规划"，不断深化大学生对"中国梦"内涵的认知，不断增强大学生对祖国的文化认同、国家认同和核心价值观认同。

（1）实施"三类实践"，根在中国聚侨心。①中国文化之旅实践。在传承"中国文化之旅"大学生夏（冬）令营工作的基础上，创造性地发展了"大学生名家古里行""寻访非物质文化遗产传人""走进中国家庭"等寻根文化实践活动。每年有1500人次参与"中国文化之旅"相关主题的学习实践活动。由H大学与中国宋庆龄基金会联合举办的"文化寻根·一脉问茶——两岸青年走茶乡"活动受到了中央电视台、新华网、人民网、人民政协报等中央媒体的广泛报道。启动"重走海丝路·共享中国梦"大学生文化考察系列活动，得到中央统战部立项资助。②侨乡文化研习实践。H大学将以往对校史馆、博物馆、纪念馆等室内场馆的爱国教育基地参观深化为考察闽西的红色文化、泉州的海丝文化及福建的朱子文化等侨乡文化的研习实践活动。大学生组织"长征精神研习营"赴长汀、古田等长征故地考察，并带回当地红壤与树苗，以共植"长征树"的形式参与学校厦门校区灾后重建活动，在校内师生中引起了强烈反响，受到了福建省电视台、中新网、厦门日报等主流媒体的广泛关注。学校组织华侨学生赴福建省档案馆参加"寻找世界遗产的中华根脉——大学生读侨批"活动。组织大学生赴平潭综合试验区考察。与福建省关心下一代工作委员会合作举办第二期"海峡两岸青少年朱子文化研习营"。这些新活动进一步拓宽了侨乡文化研习实践的合作平台，深化了主题教育内容。③海外文化传播实践。H大学是国家华文教育培训基地、中华才艺（音乐·舞蹈）培训基地，每年定期会派出华文教育支教团赴东南亚国家华校开展海外支教活动，并积极参与国务院侨务办公室组织的"文化中国·四海同春""中华文化大乐园"等专项慰侨演出活动，向海外华侨华人传播中华传统文化，传递浓浓中国情。组织开展了"闽港青年交流团"、"优秀学生访澳交流团"、二十四节令鼓香港中文大学交流会演等活动。"泰国华文传播实践团"在"丝路新世界·青春中国梦"全国大学生"一带一路"暑期社会实践专项行动总结发布会上获评优秀团队，并受邀作为五大活动主题的20支优秀代表团队之一进行成果展示和汇报。

（2）开展"三项教育"，学在中国益侨智。①专业教育。第一，修订人才培养方案，形成了专门面向大学生的培养方案，并在课程设置上给予分类指导，分别制定，单独编印。第二，优化公共基础课程，单独为大学生开设"高等数学""大学物理""大学英语""体育"等公共基础课和人文社会科学课程，也允许大学生在相应的境内生班级学习此类课程。第三，增加中华优秀传统文化课程，在相关专业教学中，将中华优秀传统文化课程作为专业核心和基础课，注重中华优秀传统文化在课堂教学中的讲读，此类课程累计50余门。②通识教育。H大学加大了对跨学科通识教育课程的投入，教学内容涉及文、史、哲等各个领域，如中国思想史、中国哲学等。开设丰富多彩的选修课程，如心理学、美学、摄影、音乐、书法、篆刻、艺术、广告、绘画等，在对学生进行通识教育的过程中，培养学习兴趣，提高学生的综合素质。③实践教育。第一，加强"三创"综合开放实验室建设，开设"创新、创造、创业"综合开放实验室，引导大学生独立思考、独立操作、提高创新精神和实践能力，建成可供大学生就业创业宣讲的就业宣讲室。第二，鼓励大学生参与各类学科类竞赛，在竞赛实践中，不断提高知识运用能力和动手实践能力等。第三，校地合作共建实践平台等，鼓励大学生在专业教师的指导下开展各类产学研实习、实训活动，培养大学生服务地方经济社会发展的意识和能力。

（3）培育"三种文化"，爱在中国汇侨情。①节庆文化。H大学每年会根据中外重大节庆日，依托各地区同学会开展中秋晚会、国庆游园、庆祝港澳回归等节庆文化活动。如中央电视台中文国际频道《传奇中国节·中秋》大型直播特别节目就将H大学选为全球首个直播连线点，向全球华侨华人呈现H大学独特的节庆文化。2015年，时任香港政务司司长林郑月娥在参观香港文化展时称赞道："香港学生运用自己的聪明才智，将一个'香港城'搬运到了H大学校园，真的很了不起。"②竞技文化。H大学鼓励和支持大学生根据自身的兴趣和专业知识开展各类中华优秀传统文化竞技活动。香港学生参与的团队作品《高校香港学生国家认同的调查研究》获第十五届"挑战杯"全国大学生课外学术科技作品竞赛一等奖。在福建省高校国际及大学生才艺展演中，获得一等奖1项、二等奖2项、三等奖1项、单项奖1项及优秀组织奖的佳绩。此外，在福建省第五届大学生艺术节斩获的29个奖项中，亦不乏H大学学生的参与。③社团文化。H大学学生会设有大学生联络部，学校鼓励和支持大学生成立金龙队、醒狮团等传统体育特色艺术团体，作为学习和弘扬中华优秀传统文化的重要平台和抓手，相关工作成果曾在团中央有关专题会议上做典型发言与经验分享。

（4）推进"三大规划"，梦在中国育侨菁。①"逐梦成才"人才培养计划。H大学将对大学生的教育培养纳入学校"十三五"规划，探索成立"承志书院"，针对大学生开展书院制教学培养改革。从培养体系、保障体系和评价体系上不断改革创新，持续推进大学生人才培养模式的创新与实践。②"圆梦就业"就业服务计划。H大学将大学生就业创业服务纳入全校就业服务工作体系，学校面向社会公开发布的年度就业质量报告中，将继续专设章节介绍大学生就业创业情况。重点做好大学生的就业创业课程学习，提供就业咨询、就业培训，继续组织开展香港中资企业招聘会、台湾学生平潭就业创业实践、大学生走访知名企业等活动。H大学在全省率先成立创新创业学院，成功举办了"首届福建省创新创业教育联盟暨创新创业教育高峰论坛"，并以此为契机，加快推进大学生的就业流向调查、闽粤港澳地区就业市场开拓，为港澳学生返乡就业创业、为台湾学生留在大陆就业创业提供有力的服务保障。③"筑梦中国"校友智库计划。为进一步推动中华优秀传统文化海外传播，发挥港澳台侨校友在推进民间交流和文化交往方面的桥梁纽带作用，成立"H大学港澳青年研究所"，相关研究成果多次被中共中央办公厅、中华全国归国华侨联合会等单位采用，并获有关领导重要批示。下阶段，H大学拟聘优秀港澳台校友担任研究员等学术职务，通过校友智库的建设，为进一步加强大学生的教育培养，特别是中华优秀传统文化教育提供智力支持和典型示范，激励更多大学生成为具有"家国情怀"的爱国者和中华文化交流的友好使者。

（四）为侨服务，传播中华文化经验总结

近年来，H大学始终坚持"为侨服务，传播中华文化"的办学宗旨，深入贯彻《关于实施中华优秀传统文化传承发展工程的意见》，积极构建中华优秀传统文化育人体系，坚持"海纳百川，兼容并蓄，多元融合，和谐共生"的文化育人理念，形成"一元主导、多元融合、和而不同"的校园文化，连续两年获得全国高校校园文化建设优秀成果一等奖，实现了福建省高校在此奖项零的突破。中央电视台、凤凰卫视等媒体多次连线直播、报道H大学的大学生和留学生弘扬中华优秀传统文化活动。学校撰写的多篇涉大学生培养专报被中共中央办公厅、国务院侨务办公室等部门采纳，其中一篇专报获得国家领导人肯定性批示。多年的构建与培育，促进了境外学子学习中华优秀传统文化的精髓，进而引导他们认同中国道路，弘扬中国精神，为实现中华民族伟大复兴的中国梦而共同奋斗。

1. 第一课堂注文化基因

一是以中华优秀传统文化为起点，办好"开学第一课"。H大学针对境外学子设立"中国传统文化教育"境外新生必修课程，涵盖

中国历史、文物、文字、诗歌、武术等课程，至今已邀请校内外近100名名师学者来校讲学，累计有5000多名境外学子修读此课程。二是以中华优秀传统文化为特色，面向境外学子开设"中国文化概论"等通识教育课程，专门为境外学子编写《中国历史》《中国精神》等10余本通识读本。三是通过邀请校内专任教师和聘请海外知名学者担任讲座教授并开设人文社科系列讲座。如邀请中国京剧研究所赵景勃、教育部艺术教育委员会常务副主任周荫昌等知名专家来校专门为境外学子讲学，引发学生的热烈反响。四是中华优秀传统文化教育研究不断深入。H大学设有海外华文教育与中华文化传播协同创新中心、国务院侨务办公室华文教育基地等十余个各级各类学术研究机构和基地，为开展中华优秀传统文化教育提供了坚实的教学科研基础。近年来，H大学承担国家教育体制改革试点项目"大学生人才培养模式改革"等20余项地厅级以上课题。《"根·学·爱·梦"四位一体的大学生培养体系的创新与实践》获得省高等教育教学成果特等奖。

2. 第二课堂育文化情感

一是以中华传统节日为契机，开展"我们的节日之系列传统文化活动""汉语言能力大赛""汉字文化大赛""殇鼎文化节""'四书五经'名师导读"等境外学子学习中华优秀传统文化活动。多年来，H大学累计获得全国一等奖2次、三等奖3次、优秀奖1次，成为福建省获得全国校园文化建设优秀成果奖最多的高校。二是鼓励境外学子成立具有中华优秀传统文化特质的学生社团——舞龙队、舞狮队、二十四节令鼓队、空竹队。二十四节令鼓队斩获全国留学生才艺展演一等奖等20余项省级以上荣誉。舞狮队曾获教育部"留动中国"在华留学生阳光运动文化之旅单项全国总冠军等奖项。三是获批国务院侨务办公室中华才艺（龙舟及音乐舞蹈）两个培训基地，大力举办全球华人中华才艺（龙舟）大赛、"海外华侨华人青少年中华文化大赛"等。"走基层·侨乡行"中央媒体团走进H大学，专题报道了学校境外学子学习中华优秀传统文化活动。中央电视台中文国际频道推出《传奇中国节·中秋》，H大学作为全球首个直播连线点，向海内外同胞展示了特色校园文化。H大学获得福建省首批中华优秀传统文化教育示范基地。

3. 第三课堂促文化认同

一是中国文化之旅冬（夏）令营成品牌。H大学开展中国文化之旅冬（夏）令营活动，多年来组织过5000多名境外学子赴祖国各地进行"文化寻根"，开展了丝路文化、黄河文化、长江文化等考察活动，增强了境外学子对中华优秀传统文化的认同感和对祖（籍）国的归属感。二是开辟"名家故里行""三进三同""走进中国家庭""走进侨乡"等文化研习和实践活动，每年有1000多人次参与其中，增强了境外学子的中华文化自信。H大学的民俗文化、茶文化、侨乡文化、志愿服务等实践基地获批福建省大学生社会实践示范基地。三是开展"寻访非物质文化遗产"系列活动，促进非物质文化遗产的保护和申遗工作。H大学还积极引导学生撰写实践感言，学生感言被载入中国高校留学生"我的中国梦"征文集。"中国文化之旅""名家故里行"等实践活动品牌得到中央电视台、中国日报网、人民网等100多家重要媒体报道。

4. 多元融合促文化交流

一是节庆文化树特色。H大学每年均会根据中外重大节庆日，依托各国、各地区同学会开展节庆文化活动，如东南亚佛历新年泼水节、泰国水灯节、大学生美食节、中外师生迎新年，以及港、澳回归庆祝活动等主题鲜明的特色校园文化活动。二是会展文化促融合。H大学鼓励东南亚国家的留学生每年举办马来西亚文化展、泰国文化周等活动。这些活动都是由外国学生和中国学生共同参与，促进了中华文化与多元文化交流融合。H大学还举办了"一带一路"沿线国家文化展等活动，将中华优秀传统文化融入"一带一路"沿线国家的文化交流中。多年来，H大学重点培养华文教育人才，多名留学生在全国"汉语桥"比赛和全国留学生武术大赛中获得佳绩，涌现出多名境外学子"标兵"。这些学生毕业后多数返回居住地从事华文教育工作，他们作为中华文化的传播者在中国和东南亚国家之间搭建起一座友谊的桥梁。

5. 海外传播促文化反哺

一是以华文教育为主要载体，积极举办海外中华文化教师培训。"中华文化大乐园"夏令营先后在东南亚以及欧美国家展开，成为传播中华文化的新兴模式。H大学还组织文艺节目参与国务院"文化中国·四海同春"活动，向海外华侨华人传递浓浓的家乡情。二是以优秀内地学生和华裔学生海外实践为载体，促进中国学生海外文化推广，推动留学生反哺居住地。H大学每年会定期派出华文教育支教团赴东南亚国家华校开展海外支教活动。此外，H大学还重点组织了"优秀华裔学生寒、暑假返回中学开展华校支教活动"，大批华裔学生及留学生参与到实践活动中，在居住地传播中华优秀传统文化，得到了海外社会的一致好评。近年来，凤凰卫视、澳门日报、香港民报、马来西亚星州日报、印尼千岛日报等媒体长期关注报道H大学在海外传播中华文化的情况。

6. 未来工作方向

一是加强学科和课程建设。推出一批有深度、有分量的中华优秀传统文化研究成果，造就一批中华优秀传统文化教学名师、学科领军人才、优秀骨干教师，加强中华优秀传统文化精品视频公开课建设。二是加强主题活动规划，利用重大中华优秀传统文化节庆日，创新传统节日中的民俗文化活动。开展博物馆、纪念馆等文化教育基地考察，持续举办海峡两岸高校文化与创意论坛等各类境内外学生文化创意竞赛，扶持具有中华优秀传统文化元素的大学生创新创业项目。三是加强"互联网+中华优秀传统文化"平台建设，开展形式多样、人们喜闻乐见的中华优秀传统文化网络传播教育活动。鼓励和支持开展校史、院史、学科史和人物史的挖掘、整理和研究，在各类传媒载体中开设中华优秀传统文化专题栏目或网络推广平台，加强"中华文化大乐园""外国政府官员中文学习班""泰国曼谷吞武里大学中文电视台"等品牌项目建设，扩大"海外华文支教"活动的影响力和辐射面。

第六章　海上丝绸之路精神融入校园文化建设的应然理路

海丝精神是中华优秀传统文化的重要组成部分，在当前高校加强中华优秀传统文化教育的大背景下，将海丝精神融入高校校园文化建设中，对海上丝绸之路沿线国家的高校校园文化建设具有独特价值与现实意义。

第一节　海上丝绸之路精神融入校园文化建设的现实意义

2000多年前，勤劳勇敢的中国人开辟了连接中西世界的陆上和海上贸易通道。陆上通道在1877年由德国地貌学地质学家表述为"丝绸之路"，此名出现后，学术界又延伸出"海上丝绸之路"，一直沿用至今。2013年10月，习近平总书记在访问东盟期间提出建设"21世纪海上丝绸之路"的构想。此构想的提出顺应世界和平、发展、合作、共赢的潮流，通过海上丝绸之路把中国与海上丝绸之路沿线各国更加紧密地联系在一起，其重要连接基础便是由各国人民共同创造的精神财富——海丝精神。海上丝绸之路沿线的高校，要思考如何将海丝精神融入高校校园文化建设中，服务于国家战略和地方建设，贯彻国家的"一带一路"的政策，充分挖掘海丝精神的育人价值，与人才培养实现真正契合。①

全国高校深入践行社会主义核心价值观，强调社会主义核心价值观个人层面价值观的学习与实践。"爱国、敬业、诚信、友善"的价值观通过课堂教学、实践育人、主题教育等形式融入大学生思想政治教育的各个方面。2014年3月，教育部印发《完善中华优秀传统文化教育指导纲要》，要求将中华优秀传统文化教育融入教育的各个阶段各个领域，以开展家国情怀教育、社会关爱教育、人格修养教育为主要内容。海丝文化所承载的海丝精神是中华优秀传统文化的重要组成部分，因此，将海丝精神融入高校校园文化建设是弘扬中华优秀传统文化的题中之义。高校校园文化建设是涵养校园文化与精神、加强人才培养的重要手段，有特色的校园文化能够培养出具有独特素养的人才。弘扬海丝精神与构建特色校园文化有着文化育人的共同任务，有着精神信念感召与价值引领的共同性质，有着共同的传播方式。同时，在沿海地区的高校，弘扬海丝精神与高校的校园文化建设有着彰显地域文化特色的一致性，因此，它与树立高校特色校园文化精神是契合的。

一、海丝精神有助于提升校园文化建设内涵

高校校园文化在长期发展过程中形成了独特的内涵。我国现代意义上的校园文化是从校园文化建设月、校园文化节等实践活动逐步上升到校园文化整体建设理论层次的。在党的十四大报告中，校园文化与社区文化、城镇文化、企业文化等一起作为社会主义精神文明建设的重要内容首次被提出。教育部也提出要发挥高校的育人功能，把校园文化建设作为高校德育工作的培育途径之一。高校校园文化作为社会主义先进文化从我国实施科教兴国和人才强国的战略高度被提出。随着各大高校在实践中推进校园文化建设的深入发展，校园文化的内涵进一步丰富，其作为实施大学生思想政治教育的重要内容被赋予政

---

① 参见张洁《宁波"海上丝绸之路"研究综述》，载《浙江理工大学学报（社会科学版）》2019年第4期，第389页。

治使命。可以说，校园文化建设的内涵从被提出到目前的发展，时刻紧扣时代主题和社会主义先进文化发展要求，被赋予了丰富的时代内涵，必须反映出时代对高校建设和培育人才的最新要求。

校园文化作为学校教育的重要组成部分，对学生的成长和发展具有深远影响。海丝精神作为中华优秀传统文化的重要组成部分，其所蕴含的开放、包容、合作、共赢等价值观念，对提升校园文化建设内涵具有重要的现实意义。在校园文化建设中，应积极弘扬海丝精神，通过多种方式将其融入校园文化的各个方面，培养学生的全球视野、创新思维、团队协作能力和社会责任感，为学生的成长和发展提供更加丰富的精神食粮。同时，也为校园文化的创新和发展注入新的活力，推动校园文化建设不断向前发展。随着时代的发展，校园文化建设也需要不断创新和丰富内涵。海丝精神强调开放包容，这与校园文化建设中倡导的多元文化交流相得益彰。

二、海丝精神有助于丰富高校多元文化建设

我国高校在长期发展过程中，根据党和国家的政策法规形成了各具特色的校园文化，如科学、严谨、求实、创新的北京大学校园文化，自强不息、厚德载物的清华大学校园文化，以校史育人为理念的厦门大学校园文化，积极健康、向上向善的福建师范大学校园文化，一元主导、多元交融的华侨大学校园文化等。在以中国梦和社会主义核心价值观为引领、以"立德树人"为根本任务的建设实践中，将海丝精神融入校园文化建设，倡导和平合作，不仅要在校园内部进行和谐校园文化建设，更要走出去，多与其他高校交流，构建高校间的校园文化建设合作体系；倡导开放包容，就是要以开放的姿态，以建设"双一流"大学为目标，开展国际化办学方针，融入不同国家、地区和民族之间的优秀文化，并以包容的态度对待外来文化，引导多元文化的交融与碰撞，实现校园文化的互学互鉴和互利共赢。因此，传承和发扬海丝精神，有助于校园文化建设内容多元化目标的实现。

高校作为文化传承和创新的重要场所，承担着培养具有全球视野

和多元文化素养的人才的重要任务。在全球化背景下，多元文化建设已成为高校发展的必然趋势。在高校多元文化建设中，应积极弘扬海丝精神，通过多种方式将其融入高校多元文化建设的各个方面，培养学生的全球视野、创新思维、合作能力和文化素养，为高校多元文化建设提供更加丰富的精神食粮，同时，也为高校的发展和社会的进步做出积极贡献。

开放包容的精神促进文化多样性。海丝精神强调开放包容，这与高校多元文化建设中倡导的文化多样性相契合。在高校中，鼓励学生尊重和欣赏不同文化的差异，促进不同文化背景的学生之间的交流与合作，有助于培养学生的全球视野和跨文化交流能力。通过举办文化节、国际交流活动等方式，让学生亲身感受不同文化的魅力，增强对多元文化的理解和认同。勇于探索的精神推动文化创新。海丝精神中的勇于探索精神，鼓励人们不断开拓创新。在高校多元文化建设中，可以通过鼓励学生参与文化研究、艺术创作等方式，培养学生的创新思维和实践能力。同时，营造良好的创新氛围，提供必要的支持和指导，激发学生的创新热情，为高校多元文化建设注入新的活力。合作共赢的精神促进文化融合。海丝精神强调合作共赢，这与高校多元文化建设中注重文化融合的理念相契合。在高校中，通过组织文化交流活动、合作项目等方式，促进不同文化之间的相互理解和融合。让学生学会在多元文化环境中合作，共同解决问题，实现文化的创新和发展。和平友好的精神营造和谐文化氛围。海丝精神倡导和平友好，这与高校多元文化建设中追求和谐文化氛围的目标相一致。在高校中，通过开展文化讲座、主题活动等方式，营造和谐友爱的文化氛围。让学生学会尊重他人、关心他人，培养良好的文化素养和道德品质，促进高校多元文化建设的健康发展。

三、海丝精神有助于发挥核心价值观在文化建设中的引领作用

高校校园文化不仅要形式多样、特色鲜明、内容丰富，更重要的

是精准定位,紧紧围绕"立德树人"这一育人目标开展建设。由于受经济全球化和文化多元化的强烈冲击,现代大学生的思想稳定性较差,很容易受外来思想的影响,产生较大的波动,部分大学生对我国优秀传统文化的认知不够充分,盲目追逐外来文化,造成价值意识的模糊和迷失,因此,在校园文化建设中必须始终贯穿社会主义核心价值体系的理想和信念教育,用社会主义核心价值观引领校园文化建设,以增强大学生对我国的文化自信和制度自信。而海丝精神强调传统文化,也不排斥吸收外来文化精华为我所用,在融合中共同发展,求同存异,聚同化异。在社会主义核心价值观引领校园文化建设中融入海丝精神的教育,可以强化大学生的意志品质,使他们在面对外来思想流派时,能够以足够的定力抵制诱惑,以正确的世界观看待人和事;融入海丝精神的教育,还可以增强大学生的思想凝聚力,在倡导合作精神的今天,大学生凝聚力的增强势必对我国优秀传统文化的传承和发扬起到积极的推动作用和良好的教育效果,从而增强民族文化自信,形成文化向心力,提高我国的文化话语权,推广民族文化软实力走向世界。因此,海丝精神的融入将会进一步促进高校校园文化建设体制,发掘引领高校校园文化建设的核心价值点,增强大学生的文化认同感和自信心,从而为加强思想政治教育做思想引领,促进社会主义文化事业的进一步发展。

四、高校校园文化建设为传承和发扬海丝精神提供人力保证

高校管理者是校园文化建设等规划和规定的实施者,而全体师生员工是校园文化建设的参与者。二者在校园文化建设中是指导与被指导、实施与参与的关系。高校校园作为中华优秀传统文化传播的重要源头和创新基地,管理者和师生员工发挥的巨大作用不可忽视。同样,海丝精神的传承和弘扬也需要紧紧依靠高校的管理者和师生员工的共同努力,自上而下进行规范实施和循序渐进地参与。特别是在校大学生正是接受文化知识教育的主力军,在校期间也是大学生接受教

育的重要阶段,将海丝精神融入课外文化实践活动和课堂教学之中,最能对大学生产生潜移默化的影响,从而实现海丝精神的传承和弘扬,实现中华优秀传统文化的传承和创新,学、产、研、创四位一体共同推动社会主义先进文化事业的繁荣和发展。①

高校校园文化建设是传承和发扬海丝精神的重要途径,它能够为海丝精神的传承和发扬提供人力保证。通过教学活动、社团活动、文化氛围营造、社会实践活动、师资队伍建设和学生自我教育等多种方式,高校可以营造浓厚的海丝文化氛围,培养学生的跨文化交流能力、创新精神和社会责任感,让海丝精神在高校校园内得到传承和发扬。高校可以通过开设相关课程、组织讲座、开展研究等方式,将海丝精神融入教育教学活动中。这些活动不仅能够让学生了解海丝精神的内涵和历史背景,还能够培养学生的跨文化交流能力和创新精神。高校社团是校园文化建设的重要组成部分,也是传承和发扬海丝精神的重要载体。通过社团,学生可以组织各种与海丝精神相关的文化活动,如文化展览、学术交流、志愿服务等,这些活动不仅能够丰富学生的课余生活,还能够培养学生的团队合作精神和社会责任感。高校还可以通过校园环境建设、文化设施建设等方式,营造浓厚的海丝文化氛围。例如,在校园内设置海丝文化墙、举办海丝文化展览等,这些举措能够让学生在潜移默化中接受海丝精神的熏陶,增强学生对海丝精神的认同感和归属感。通过组织学生参加社会实践活动,让学生亲身体验海丝精神的内涵和现实意义。如组织学生参加海上丝绸之路沿线国家的交流活动,参与海丝文化遗产保护等,这些活动不仅能够培养学生的实践能力和创新精神,还能够增强学生的社会责任感和使命感。通过加强师资队伍建设,提高教师的文化素养和教学水平,让教师在教学过程中能够更好地传授海丝精神的内涵和价值观念。高校学生是校园文化建设的主体,也是传承和发扬海丝精神的主力军。高校可以通过引导学生自我教育、自我管理、自我服务,培养学生的自主学习能力和创新精神,让学生在自我教育的过程中更好地传承和发

---

① 参见马建春、徐虹《文化互动与广东"21世纪海上丝绸之路"建设》,载《暨南学报(哲学社会科学版)》2019年第5期,第72页。

扬海丝精神。

五、高校校园文化建设为发扬和传承海丝精神提供契机和平台

物质文化、精神文化、制度文化和行为文化是高校校园文化建设的四个主要方面。在物质文化建设方面，主要是学校的环境建设（包括室内和室外环境）和与教学、办公、生活、娱乐等相配套的硬件设施建设。海丝精神的传承和发扬离不开学校这个大环境，学校在进行物质文化建设的同时，可以把与海丝文化相关的历史文物、雕像等融入进来，找到与之相契合的点进行物质层面的宣传布置。在精神文化层面，主要是学校意识和文化观念，这是进行海丝精神传承和发扬最有效的结合点，海丝精神所倡导的开放包容、和平合作、互学互鉴和互利共赢的精神可以通过学校精神文化层面的设计和实施深入到师生当中去。在制度文化方面，国家可以从顶层设计的角度出发，强调海丝精神的传承和发扬，学校管理者可以从学校规章制度、年度计划和中长期规划中提出海丝精神建设的重要性和实施的具体要求，把以传承和发扬海丝精神为重要内容的中华优秀传统文化作为一种制度要求，从而保障海丝精神在学校的研究、创新、传承和发展。在行为文化方面，一个学校的行为文化既是校园人行为方式、人际关系的动态体现，也是学校精神和办学理念的外在表现。校园行为文化尤其在德育方面的展现比较突出，因此，将海丝精神中的重祖亲乡、乐善好施等内涵融入校园行为文化建设中，可以促进校园人德育功能的充分发挥。

高校校园是文化资源最为丰富和集中的场所，也是最能创造文化成果和展示文化成果的场所。海丝精神的传承和发扬，需要借助高校校园文化建设这个平台，充分挖掘高校的学校文化底蕴，找准二者的契合点进行集中展示和宣传。如高校在校园文化建设中强调的校风教风学风建设，以及科技文化节活动、各大论坛和讲堂、名师学者讲座、社会实践等都可以为海丝精神提供传承和发展的平台和契机，使

海丝精神在校园文化建设当中贯穿始终，深入拓展其精神内涵，挖掘精神要义，从而进一步实现立德树人这一育人功能。

第二节　海上丝绸之路精神融入校园文化建设的原则机制

海丝精神融入高校校园文化之中，是对高校校园文化建设的有力补充，也是深入贯彻中华优秀传统文化教育的重要渠道，有利于引导大学生树立正确的精神导向和价值观念。海丝文化浓缩了海丝沿线各国文化的精髓，也展现了中华文化的宏大气度，它所包含的主流审美倾向对于开展德育和美育工作是一项宝贵资源。从人才培养的角度来看，海丝精神的融入有利于高校培养具有海丝特征、适应海上丝绸之路倡议的综合型人才。

一、海丝精神融入高校校园文化建设的目标体系构建

2004年，教育部与团中央制定《关于加强和改进高等学校校园文化建设的意见》（教社政〔2004〕16号），其中指出："高等学校校园文化建设的总体要求是：以邓小平理论和'三个代表'重要思想为指导，坚持社会主义先进文化的发展方向，遵循文化发展规律，借鉴吸收人类文明有益成果，以实施科学文化素质教育为基础，以建设优良的校风、教风、学风为核心，以优化校园文化环境为重点，以树立正确的世界观、人生观、价值观为导向，弘扬主旋律，突出高品位，加强管理，注重积累，努力建设体现社会主义特点、时代特征和学校特色的校园文化，不断满足大学生日益增长的精神文化需求，为培养社会主义合格建设者和可靠接班人提供强大的精神动力，使高等学校成为发展中国特色社会主义先进文化的重要基地、示范区和辐射源。"因此，高校校园文化建设的最终目标始终在于服务高校"育人"这一

核心，具体可概述为"立德树人"。将海丝精神融入高校校园文化建设要紧紧抓住这一核心环节，从理论与实践两个层面，形成一个分层次、有规划的系统目标体系（表6-1）。

表6-1 海丝精神融入高校校园文化建设的目标体系

层次	理论与实践层面的目标表述
初级目标	将海丝精神融入高校校园文化第二课堂活动中，使其成为构建和谐校园文化的组成部分。通过活动开展，形成具有体系化的弘扬海丝文化的系列活动，让师生参与到活动之中，了解海丝精神，进而学习海丝精神的相关知识
中级目标	不仅将海丝精神融入高校校园的第二课堂，而且将其引入第一课堂的教学中，使全校上下形成思想共识，构建海丝精神主题教育体系，培育海丝精神品牌活动建设，从而达到思想引领、文化传承的目标
高级目标	将海丝精神融入建设优良的校风、教风、学风之中，使其成为校园文化的重要标识，使其成为社会主义先进文化和精神文明建设的重要组成部分，同时能够彰显校园文化的独特魅力，从而达到价值观树立、人格塑造的育人目标，培养具有海丝精神的综合型人才

二、海丝精神融入高校校园文化建设的原则确立

（一）坚持主旋律与开放性相结合

高校校园文化建设应该始终坚持社会主义先进文化的发展方向。因此，海丝精神融入高校校园文化建设首先应坚持正确的方向，即坚持"主旋律"。而这一主旋律便是弘扬中华优秀传统文化，海丝文化作为中华优秀传统文化的重要组成部分，其弘扬与传承必须要坚持这一主旋律。同时，海丝精神是海上丝绸之路各国人民共同创造的精神财富，其文化载体带有多元的风格与特色，因此，要在坚持主旋律的

前提下，充分尊重文化差异，体现开放性。

（二）坚持思想性与活动性相结合

海丝精神融入高校校园文化建设，需要弘扬和传承的不仅仅是海丝文化，更重要的是以和平合作、开放包容、互学互鉴、互利共赢为主要内容的精神内核。将其融入校园文化活动中，要充分考虑其思想性。而具有思想性的活动常常在实践中变成枯燥无味的理论宣讲，因此，还要考虑活动性中的愉悦性、参与性等因素，实现二者的协调统一。

（三）坚持层次性与阶段性相结合

海丝精神融入高校校园文化建设，所面临的将是不同层次的高校。如民办高校与公办高校，高职院校、本科生为主的院校与研究生为主的院校等，都应根据学生的层次开展各类校园文化活动。同时，海丝精神的融入需要一个过程，随着国家实施"一带一路"倡议的不断深入，海丝精神也将逐步融入校园文化建设的深层当中。

（四）坚持发展共性与突出个性相结合

海上丝绸之路是千百年来中华民族对外贸易的写照，海丝精神是中华优秀精神的重要部分，因此，海丝精神的内核有其共性。但同时，海丝精神因地域的不同，也呈现出不同的特征。历史上，泉州、宁波、南京、福州、扬州、漳州、蓬莱、连云港、徐闻、北海等地都是海上丝绸之路走向世界的重要港口，因其所在地的文化不同，以及其航线的不同，所创造的文明和精神亦呈现其地域性。2016年3月，国家文物局正式确定泉州、广州、宁波、南京共同推进海丝申遗工作。因此，在将海丝精神融入高校校园文化建设的过程中，也要充分考虑高校所在地域的文化特点。

三、海丝精神融入高校校园文化建设的机制构建

(一) 海丝精神融入需形成共识

文化的传承与精神的弘扬首先需要全社会形成共识。自2013年以来，建设海上丝绸之路从构想逐步上升为国家事业，成为国家在今后一段时期内的重要大局，这一论断已在各级政府形成共识。当前将海丝精神融入高校校园文化建设也首先需要各高校领导、教职员工达成共识。只有达成共识才能实现机制的不断完善。

(二) 海丝精神融入需主体化

主体化包括两个层面的含义：一是"由谁来融入"，即明确施教主体。从高校的职责分工来看，施教主体不应单指专业教师与活动指导教师，而应该是全体教职员工，因为他们皆是"育人"工作的施教主体；而在师生共同参与的活动中，学生在某些时候也会成为施教主体。从机构职能来看，进行组织策划的部门主要是宣传部门、团学工作部门、各级学院、通识教育机构和专设的海丝文化研究机构。二是"融入为了谁"，即明确受教主体。传统的误区认为受教主体一定是学生，而实际上海丝精神作为一个新的专业名词，在高校中，受教的主体应该是全体师生。学生是主要的受教主体，而教师在参与海丝精神活动时也能得到启迪与成长。[①]

(三) 海丝精神融入需大众化

大众化，简而言之就是以大众喜欢或广受欢迎的形式呈现。这就是解决"如何融入"的问题。一是将海丝精神大众化，将海丝精神所蕴含的精神文化与地方精神文化、校园精神文化进行融合，形成"接地气、有温度"的文化活动形态。二是将海丝精神融入校园文化建设

[①] 参见赵琪《元至明初的刘家港与海上丝绸之路》，载《苏州科技大学学报（社会科学版）》2019年第3期，第56页。

来贴近学生，赢得学生喜爱，而不是束之高阁。既要"阳春白雪"，又要"下里巴人"，用"95后"青年学生的方式来表达，来策划开展教育活动。

(四) 海丝精神融入需阵地化

高校校园文化建设涵盖物质层面、制度层面、行为层面、精神层面的建设。因此，海丝精神的融入需要各个层面的阵地，贯穿校园文化建设的全过程。此阵地不仅指校园文化活动的阵地，还包括课堂阵地、制度阵地、网络阵地、舆论阵地等，这样才能实现海丝精神的人文价值，才能凸显海丝精神的审美情趣，实现真正意义上的"育人"目标。

第三节 海上丝绸之路精神融入校园文化建设的实践路径

马克思主义认为："人创造环境，同样，环境也创造人。"[①] 环境氛围的营造对于一个组织来说非常重要。两千多年来的海丝精神虽然一直发挥着积极作用影响着一代又一代中华儿女拼搏进取，但是在新时代新环境下，海丝精神对于现代大学生来说还是一个比较陌生的概念，因此，将海丝精神融入高校校园文化建设，使学生了解并掌握其内涵，从而推动二者的有效融合，首先要营造以下三种氛围：

一是营造积极的舆论氛围。2013年国家提出"一带一路"倡议之后，相关研究机构层出不穷，对"一带一路"的研究逐步深入，研究内容和成果也更加多元和丰富，举国上下和很多重点领域行业都紧紧围绕这一倡议做足文章，舆论氛围一时激起千层浪，这为"一带一路"建设提供了良好的发展契机。海丝精神融入校园文化建设，也要造足积极的舆论氛围，如在课堂上融入专题进行讨论，在课堂外举办

---

① 《马克思恩格斯选集》第一卷，人民出版社1995年版，第92页。

相关系列演讲、辩论等活动进行自由探讨，使海丝精神在高校校园内得到广泛的认知，同时使之融入学生们的日常学习和生活当中去，从而让学生们时刻以海丝精神来要求自己。

二是营造良好的学习氛围。海丝精神虽然以"和平合作、开放包容、互学互鉴、互利共赢"这十六字概括了其精神要义，但是不能望文生义、浅尝辄止。海上丝绸之路及其所承载的历史借鉴和优秀传统文化是我们应该了解和掌握的。各高校要充分开设各种相关论坛、讲堂、文化艺术活动等，鼓励专家学者和在校师生积极参与其中，将自己所学所思所想形成文字材料和档案进行交流学习，并从中汲取有用养分为我所用，努力培养自己的大局意识和共赢意识，积极投入到现代化建设当中去。

三是营造深厚的情感氛围。列宁曾经说过："没有人的情感，就从来没有，也不可能有人对于真理的追求。"海丝精神融入高校校园文化建设需要我们融入一定的情感，因为缺乏智慧的教育是没有创造力的教育，缺乏情感的教育是失败的教育。情感氛围的营造不仅仅是出于师生对课堂专业活动的追求和热爱，更要体现在日常的生活活动之中。海丝精神蕴含着丰富的历史文化资源和励志故事，应把这些内容加以整合，形成完善的课堂内外体系，使广大师生在优秀历史文化的熏陶中形成对海丝精神的情感共鸣和寄托，例如可以通过话剧和舞台剧的形式在校内弘扬海丝精神，这样一来，将海丝精神融入校园文化建设的实践活动才会越来越被人们认可和接受，从而使海丝精神得到传承和发扬。

一、实践路径探析

路径一：建构鲜明的文化识别系统（SIS）

1. 建立理念识别系统（MIS）

理念识别系统是海丝精神识别系统的重要部分，它由从复杂的各种文化现象中抽象出来的理念、精神、价值观等内容组成。需借助一定的载体弘扬和传播，使其叫得响、传得开。综上论述，笔者认为，海丝精神是以和平合作、开放包容、互学互鉴、互利共赢为基本内涵，体现尚新图变、重商务实、重祖亲乡、乐善好施等品质的与时俱进的精神。而这一识别系统需要通过校内统一的宣传标语、校园标志性的艺术架构与设计予以呈现。

2. 建立形象的视觉识别系统（VIS）

海丝精神作为一个新的文化名词，要融入校园文化建设，同时融入师生的日常学习生活，需要以静态和动态的形式呈现。其中静态表现即视觉识别系统，可以将海丝精神的文化特质转变成具体的符号概念。海丝精神可以通过设计符合海丝精神特点的标识、色彩、活动名称等来呈现，甚至可以通过设计卡通形象的方式来展现。通过在校内各种场合、各种文件、各种宣传区域进行环境布置、内容设计等加以展现，使海丝精神融入高校校园文化建设的物质层面建设，从而达到其育人目标。

3. 建立可行的行为识别系统（BIS）

除了静态呈现，其另一形式的呈现便是动态呈现。它是海丝精神融入高校校园文化建设的具体体现和现实实施。如开展弘扬海丝精神的文化活动必须有区别于开展其他弘扬传统优秀文化活动的规范与形式，使活动充满海丝精神特质，从而使海丝精神能够在广大师生心中留下较深刻的印象。

路径二：开设具有海丝精神特质的文化课堂

1. 融入课程内容

将海丝精神融入高校校园文化建设的重要手段就是将其融入大学生通识教育课程。规划设计涵盖海上丝绸之路重要历史、特色文化、地域特色、商务贸易、对外交流、人物传记等主要内容的课程体系，作为全校学生可以选修的文化通识课程，有条件的高校以及有海丝文化地域特点的高校可将其作为大学新生入学教育的必修通识课程。

2. 改变授课方法

海丝精神的融入对于高校教师来说是一个全新的挑战，课程体系与教学方法没有先例可循，而且师生的角色随时可能根据知识点的实际情况而相互置换。因此，应改变传统的讲授式教学，引入讨论式教学、案例教学、多媒体技术教学，有条件的学校可率先尝试采用"慕课"方式进行教学。

3. 拓展课堂领域

海丝精神蕴含着浓郁的地域特色，高校所在的地方文化形态是一个天然的"课堂"。因此，要将融入海丝精神的课堂拓展到课堂外，拓展到校外，拓展到充满海丝特色的博物馆、文化企业、历史遗迹和地方文化景观，有效地将实践考察、现场教学与理论教学有机结合，让广大师生在实践中真正学习到海丝精神的深刻内涵。

路径三：开展具有鲜明特色的文化活动

1. 融入主旋律活动

将海丝精神融入弘扬中华传统优秀文化的活动之中，在"中华文化节"主题系列活动中，单独开辟"海丝文化"子系列活动；配合国家"一带一路"倡议的推进，开展与之相契合的理论研究、文化论坛、实践活动、文体活动等。[①]

2. 融入班级主题教育

班级是校园文化活动的基本单元，以班级为单位开展活动可以有效地覆盖全体学生。在全校范围内开展以海丝精神为主要内容的团日活动和主题教育活动，坚持将海丝精神主题融入班级的文化学习和建设中。

3. 融入宿舍文化建设

宿舍虽是大学生群体中最小的"组织"单位，但却是大学生学习生活时间最长的地方。在学生宿舍区营造浓厚的海丝精神文化氛围，在学生宿舍区的楼栋宣传栏、楼道软文化区域布置以海丝精神为主题的艺术作品，在学生宿舍区开展以海丝精神为主题的宿舍区文化节，把海丝精神融入学生日常生活，以润物无声的方式入心入脑。

[①] 参见郑静玉《融入21世纪海上丝绸之路：闽南文化的传承与创新》，载《长沙理工大学学报（社会科学版）》2019年第3期，第52页。

4. 打造活动品牌

以海丝精神为内容的活动易在校园中形成独特的品牌。如成立具有海上丝绸之路研究特质的文化社团和艺术团体，创作具有海丝精神特征的文化艺术作品，开展以海丝精神为主题的文化品牌活动。特别是充分挖掘海上丝绸之路沿线国家的文化特点，开展"海丝文化展""海丝文化论坛""海丝创意论坛"等品牌活动。不断创新海丝文化活动模式，如开展"海丝文化青年说""海丝文化赶集"等全新形式的活动。同时以海丝精神为主题，开展大学生社会实践活动。

路径四：牢牢占领"新媒体"网络阵地

1. 融入高校宣传主阵地

高校宣传主阵地是一项战略工程、固本工程、铸魂工程，要将海丝精神融入高校宣传的主渠道，建构海丝精神主题网站，不断壮大主流思想舆论；在各高校主页上做专题系列报道，将国家"一带一路"倡议宣传与校园海丝精神宣传进行有机结合。

2. 融入新媒体推广阵地

新媒体建设已经成为大学生思想政治教育的重要抓手，新媒体已经成为大学生接触最频繁的技术工具。要将海丝精神融入高校校园文化建设，必须在新媒体建设上做文章。如建立微信公众号，有计划地进行海丝精神主题内容推送；建立"海丝微博"，定期更新校园弘扬海丝精神的文化活动；同时，做好新媒体内容的推广与宣传。

海丝精神是中华优秀传统文化的重要组成部分，也是全世界的精神财富。将海丝精神融入高校校园文化建设，将其贯穿于素质教育的全过程，做好显性与隐性文化建设，是贯彻国家"一带一路"倡议的重要举措。习近平总书记在全国高校思想政治工作会议上强调："我们对高等教育的需要比以往任何时候都更加迫切，对科学知识和卓越人才的渴求比以往任何时候都更加强烈。"[1] 因此，要更加注重以文化人、以文育人，广泛开展文明校园创建，开展形式多样、健康向上、

---

[1] 常青、李力：《扎实办好中国特色社会主义高校》，光明日报（https://baijiahao.baidu.com/s?id=15921522013420871798&wfr=spider&for=pc）。

格调高雅的校园文化活动。各高校要进一步加强组织与领导，强化高校校园文化建设，突出校园文化特色，让广大师生通过校园文化建设，进一步认同和悦纳海丝精神，将海丝精神内化为师生自身的价值体系，并在实践中指导师生自身的学习与成长，最终实现高等教育所承载的"育人"终极目标。

二、认同维度提升

校园文化是高校在发展过程中形成的独特的精神气质、道德规范、价值观念和行为模式的总和，是高校核心竞争力的主要表现，其物质文化在于学校之形，制度文化在于学校之规，精神文化在于学校之魂。校园文化建设着重于良好人文环境的塑造以及特色文化氛围的营造，不仅体现为各种楼宇、雕塑等文化设施的规划，校训、校歌的吟诵传唱，还体现为师生通过共同参与学术讲座、科技文化活动等交换知识、创造知识，更表现为集体对于思想观念、价值取向以及行为规范的统一认可和认同。因此，在海丝精神融入校园文化建设的过程中，根据个体的心理素质和价值观念可将认同的维度基本分为三种类型：自然认同、强化认同和理解认同。

（一）自然认同：提升文化魅力，形成良好氛围

对海丝精神的自然认同，主要是指师生在无意识的状态下对融于校园文化中的海丝精神产生认同。这就要求学校增强海丝精神的外在感染力，充分展示海丝精神的文化魅力，在校园文化建设中形成良好的文化氛围；将海丝精神渗透到校园物质环境和人文环境的塑造当中，结合学校教育的要求和时代发展的特点，合理规划与布局，力图做到规范化、标准化；另外，通过海丝精神引导校园文化建设，使海丝精神在师风师德建设、校风学风建设、校园文化活动等方面得到充分体现，学生在积极健康的文化氛围引导下，将会自然而然地增强自身对国家和民族的认同与归属，对中华优秀传统文化的认知和感悟，自觉地将个人的价值追求与国家、民族的振兴发展相关联相融合。

(二) 强化认同：加强教育引导，辅助强制措施

教育引导是对当代大学生进行价值观再生产的主要传承方式，是加强文化认同的必要条件，但并非固定的充分条件。从某种程度上看，教育的强化认同更偏向于一种利益诱导形式。将海丝精神融入校园文化建设，以大学生切身利益为切入点，以如何对待他人利益以及怎样诠释国家利益为角度，调节大学生的心理、行为规范，并对其进行海丝精神的灌输和核心价值观的强化。同时，思想政治理论课教师也要充分认识海丝精神的重要作用，及时调整知识框架和结构，借助多种方法和手段，对海丝精神进行课内课外的宣教引导，通过内外合力强化大学生对海丝精神的文化感知和认同。

(三) 理解认同：强调视域融合，促进多元交融

视域融合是理解认同的真谛，促进交融是文化互鉴的目的。理解者与被理解者双方都有各自的问题视域，寻求更为广阔的视域视角，以达到在不牺牲一方利益的前提下消除二者间的矛盾，实现双方的统一互利，并最终实现多元交融、求同存异，是海丝精神与校园文化建设相融合的应然路径。这就要求高校师生不断深入地理解认同海丝精神，在校园文化建设中与海丝精神进行相遇、对话，充分发挥师生的主体性作用，拓宽畅通师生表达意见的渠道，完善表达机制，使其能够在自我意识的自我表达中实现个体的主体性，在理解海丝精神内涵的同时认同校园文化建设发展格局，将个人意志和理想的追求与集体意识和认知的把握相联结，做到内外兼修、知行统一。

另外，将海丝精神融入新时期高校思想政治教育和校园文化建设中，将有利于大学生更加形象生动地把握思想政治教育的具体脉络和重要使命。高校可以通过将海丝精神寓于思想政治理论课教学，促进思想政治教育实践育人，同时融入思想政治教育和校园文化体系建设，以开创高校校园文化建设全新格局，提升大学生对海丝精神文化的深度认同。

三、建设新型格局

新时期高校校园文化建设要求坚持自由自治的校园文化理念，人文与科学相融合的校园文化精神，开放包容、富于创新的校园文化氛围，以及严格执行、高度认同的校园制度文化。海丝精神提倡和平合作、开放包容、互学互鉴、互利共赢，同时兼备尚新图变、重商务实、重祖亲乡、乐善好施的优秀品质。高校应着力提升大学生对海丝精神的文化认同，在教师和学生中间倡导一种追求真理、创造价值的自由学术价值和学术风气，一种关心人的尊严价值和全面发展的责任精神，一种兼容并包、和而不同、师生自由合作的创新发展体系，一种体现大学精神、突出目标价值的现代大学治理体系，并在此基础上着力打造新时期校园文化建设的新型格局。

（一）强化海丝精神建设意识，着力把握校园文化正确发展方向

"青年是祖国的未来、民族的希望，也是我们党的未来和希望。"[①]尤其大学生是中国特色社会主义现代化的未来，其政治思想和价值观念的正确与否，直接关系到我国社会主义事业能否后继有人，关系到中华民族伟大复兴中国梦能否早日实现。在当前复杂多变的思想文化环境当中，高校必须要坚持马克思主义在意识形态领域的指导地位，继承弘扬中华优秀传统文化，并将其充分运用于校园文化建设当中，激发大学生保持对中华优秀传统文化的耐力和定力。而作为优秀传统文化的重要组成部分，海丝精神为校园文化建设提供了优秀的思想政治教育资源和精神文明载体。高校可以通过强化海丝精神的建设意识，提升师生对于海丝精神的认知了解以及文化认同，并进一步实现内化于心外化于行的教育目的。

校园文化反映了师生奋斗的群体目标，行为规范的规章制度，体

---

① 参见习近平《论党的青年工作》，中央文献出版社2022年版。

现了高校校风、学风的发展方向，具有显著的精神性、社会性、时代性和可塑性。海丝精神的融入发展，不仅要体现在大学精神的塑造和凝练上，还要着重于教学设施、文化活动及骨干队伍培养等多个宣教维度。高校可以通过建设海丝文化遗产展示中心、海外交通史博物馆等方式加大对海丝文化的开发与挖掘；通过海丝国际艺术节、海丝研究论坛、丝路精品剧目展演等形式，密切同海上丝绸之路沿线国家的民间文化交流往来，在实现互学互鉴的同时，取长补短，互利共赢。另外，还要培养一批海丝文化名师，建设一支有深厚传统文化底蕴和强烈民族精神的骨干教师团队，将海丝精神建设意识深入师生课内课外，通过理论培训、实践锻炼和校园文化组织策划等方式，增进师生对海丝精神的深度认同。

（二）加强海丝精神理论教育，着力提升文化自觉，增强文化自信

实现文化认同的重要前提在于文化自觉，只有充分认识文化的形成过程、本质特征和发展趋向，才能从历史中寻找支撑线索，做到知之深爱之切。因此，要想实现海丝精神与校园文化的有效融合，必须要运用多种途径加强海丝精神的理论教育，通过文史类课程的传授讲解，让学生了解源远流长的古代海丝历史，以及波澜壮阔的近代海丝发展，真正从思想上树立文化自觉与自信，并实现文化自重与自强。另外，在理论教育的基础上，还要强化海丝精神的探索研究，在传统与现代、东方与西方、理想与现实的选择当中，寻找校园文化建设的实践路径，为实现开放包容、丰富多元的校园文化提供更多参考。

高校要结合自身实际，在充分了解校园文化的传播渠道、传播媒介和方式的前提下，把握传播特点及形成规律，以促进海丝精神的有效融入。海丝精神所体现的开放包容、尚新图变、重商务实品质，以及海洋群体在与风浪抗争过程中所展现的勇于冒险、爱拼敢赢、回馈桑梓等品行特征，都是当代大学生需要继承并加以弘扬的宝贵精神财

富。① 通过海丝文化教育，可以培养大学生崇高的理想信念和强烈的历史责任感，加强对大学生的集体主义教育，可以实现其个人利益与集体利益的辩证统一，同时，还要增强其民族责任感和自信心，在多元文化交融的大环境下加强爱国主义宣传教育，使其为实现社会主义现代化建设而不断努力奋斗。

（三）建设海丝精神校园文化，着力营造中华优秀文化认同氛围

高校要营造中华优秀传统文化良好的认同氛围，必须要以激活学生的青春特质为出发点，以展示当代大学生靓丽多姿、活力四射为主要方式。海丝精神可以通过在书画社团、学术科技社团、表演社团等学生团体组织中的传承与创新，以大学生特有的呈现形式在高校实现多元化绽放。实施文化品牌工程，制定《优秀文化品牌建设与管理办法》，使海丝精神文化品牌建设与评选逐步规范化、制度化，鼓励全校师生共同开展特色鲜明、丰富多彩的精神文化活动。同时，加强各院系与海丝精神的契合点探索，将品牌专业、品牌课程以及品牌师资等与海丝精神相结合，打造树立一批文化宣传典型，以促进文化氛围的和谐营造。

另外，高校还要保持对海丝精神宣传的常态化，建立并完善海丝精神的宣传阵地，持续性地通过网站、荧屏等媒体手段宣传海上丝绸之路，创作生产一批有海丝特色的动漫、影视等文学艺术作品，推出系列文化丛书，组织好各类海丝精神宣传作品的出版和管理工作，向师生全面准确地展示海上丝绸之路的历史文化以及海丝精神的时代价值，同时激发社会各界校友积极参与海丝精神宣传和校园文化建设，形成推进海丝精神融入校园文化建设的强大合力。

---

① 参见朱亚非《论古代北方海上丝绸之路兴衰变化》，载《山东师范大学学报（人文社会科学版）》2019年第6期，第66页。

（四）重视海丝精神文化实践，着力推进校园文化建设价值认同

文化认同的实质即价值认同，而文化认同与文化实践紧密相连，文化认同的过程可以说是文化实践不断深化的过程。高校通过广泛深入地开展海丝精神文化实践活动，可以促使师生增进对海丝精神的认知和理解；通过对海丝精神的认识、传播、创新，可以培育并强化师生对文化判断的选择能力，实现海丝精神的价值内化；此外，还通过对海丝精神的实践探索与发展研究，凝练和培育符合时代要求的特色大学精神，倡导以和平合作、开放包容的形式，弘扬科学精神、人文精神的求索之风，实现会通中外、并育德才的育人目标。

海丝精神的文化实践活动要做到基地化、常规化，要充分发挥现有合作基地的示范效果，不断开辟和建设新的海丝精神宣传教育基地。通过组织参观、考察海丝文化宣传基地，可以使大学生更好地了解祖国的悠久历史和灿烂文化。同时，结合一些重要的节日和历史事件，开展一系列富有思想性、知识性和趣味性的文化实践活动，可以增强学生的民族自尊心、自信心和自豪感，强化其民族向心力和凝聚力。同时，高校要加强对校园文化建设的规划和指导，重点突出校园文化的知识性和开放性，要从组织上、制度上、方法上建立并完善校园文化建设的导向机制，将对社会信息的反馈、筛选等外部导向机制，与学生自我管理、自我约束的内部导向机制相结合，通过多种潜移默化的作用形式，促进海丝精神发展与校园文化建设朝着积极、健康、高效的方向持续发展。

参 考 文 献

一、著作类

[1] 孙光圻，刘义杰.海上丝绸之路［M］.大连：大连海事大学出版社，2015.

[2] 王忠强.海上丝绸之路［M］.长春：吉林文史出版社，2011.

[3] 福建博物院.丝路帆远：海上丝绸之路文物精萃［M］.福州：福建教育出版社，2013.

[4] 张诗雨，张勇.海上新丝路——21世纪海上丝绸之路发展思路与构想［M］.北京：中国发展出版社，2014.

[5] 黄茂兴.历史与现实的呼应：21世纪海上丝绸之路的复兴［M］.北京：经济科学出版社，2015.

[6] 国家发改委，外交部，商务部.推动共建丝绸之路经济带和21世纪海上丝绸之路的愿景与行动［M］.北京：外文出版社，2015.

[7] 刘海峰，等.高校招生考试制度改革研究［M］.北京：经济科学出版社，2009.

[8] 陈高华.海上丝绸之路［M］.北京：海洋出版社，1991.

[9] 李庆新.海上丝绸之路［M］.北京：五洲传播出版社，2006.

[10] 国家文物局.海上丝绸之路［M］.北京：文物出版社，2014.

[11] 卞洪登.丝绸之路考［M］.北京：中国经济出版社，2007.

[12] 刘迎胜.丝绸之路［M］.南京：江苏人民出版社，2014.

[13] 徐杰.海上丝绸之路［M］.长春：吉林出版集团有限责任公司，2012.

[14] 黄启臣.广东海上丝绸之路史［M］.广州：广东经济出版

社，2003.

[15] 郑佩瑗.海上丝绸之路研究书系：沧海航灯——岭南宗教信仰文化传播之路［M］.广州：广东经济出版社，2015.

[16] 广州市黄埔区文化广电新闻出版局.海上丝绸之路文化明珠：南海神庙［M］.广州：华南理工大学出版社，2015.

[17] 顾涧清.广东海上丝绸之路研究［M］.广州：广东人民出版社，2008.

[18] 周鑫，王潞.海上丝绸之路研究书系：广东海上丝绸之路古港［M］.广州：广东经济出版社，2015.

[19] 黄建钢."浙江舟山群岛新区·现代海上丝绸之路"研究［M］.北京：海洋出版社，2014.

[20] 刘凤鸣.山东半岛与东方海上丝绸之路［M］.北京：人民出版社，2007.

[21] 广州市国家历史文化名城发展中心等.论广州与海上丝绸之路［M］.广州：中山大学出版社，1993.

[22] 中共广州市委宣传部，广州市文化局.海上丝绸之路：广州文化遗产文献辑要卷［M］.北京：文物出版社，2008.

[23] 中共广州市委宣传部，广州市文化局.海上丝绸之路：广州文化遗产考古发现卷［M］.北京：文物出版社，2008.

[24] 谭元亨.广府海韵：珠江文化与海上丝绸之路［M］.广州：广东旅游出版社，2001.

[25] 郭凡，蔡国萱.21世纪海上丝绸之路与广州［M］.广州：中山大学出版社，2015.

[26] 中国航海学会，泉州市人民政府.泉州港与海上丝绸之路［M］.北京：中国社会科学出版社，2002.

[27] 李冀平，等.泉州文化与海上丝绸之路［M］.北京：社会科学文献出版社，2007.

[28] 陈瑞统.海上丝绸之路的起点——泉州［M］.福州：海峡文艺出版社，2014.

[29] 林士民.海上丝绸之路的著名海港——明州［M］.北京：海洋出

版社，1990.

[30] 李英魁.宁波与海上丝绸之路[M].北京：科学出版社，2006.

[31] 朱江.远逝的风帆：海上丝绸之路与扬州[M].南京：东南大学出版社，2014.

[32] 龚缨晏.中国海上丝绸之路研究百年回顾[M].杭州：浙江大学出版社，2011.

[33] 刘大椿.百年学术精品提要：经济学、管理学、社会学及其他[M].北京：知识产权出版社，2006：262.

[34] 李木洲.高考改革的历史反思——基于制度变迁的视角[M].武汉：华中师范大学出版社，2014：53.

[35] 杨学为.中国考试通史（卷五）[M].北京：首都师范大学出版社，2004：41.

[36] 杨学为.高考文献·上（1949—1976）[M].北京：高等教育出版社，2003：16.

[37] 杨学为.高考文献·下（1949—1976）[M].北京：高等教育出版社，2003：71.

[38] 廖平胜.考试学原理[M].武汉：华中师范大学出版社，2003：153.

[39] 周雪光.中国国家治理的制度逻辑——一个组织学研究[M].上海：生活·读书·新知三联书店，2017：10.

[40] 卢现祥.新制度经济学[M].武汉：武汉大学出版社，2011：184.

二、论文资料类

[1] 司徒尚纪，许桂灵.梁启超的文化地理思想与海上丝绸之路研究[J].中国历史地理论丛，2024（1）：113-119.

[2] 刘琳，赵培云."21世纪海上丝绸之路"沿线国家贸易网络演变及影响因素研究[J].江西理工大学学报，2023（6）：58.

[3] 邢菁华.当代华侨华人自组织参与全球卫生治理研究[J].暨南

学报（哲学社会科学版），2024（2）：15.

［4］王来顺，等."21世纪海上丝绸之路"沿线国家绿色贸易格局的时空演变［J］.世界地理研究，2023（32）：65.

［5］徐文彬，钟羡芳.海上丝绸之路与明清泉州回民群体特征的形成［J］.中国海洋大学学报（社会科学版），2023（2）：46.

［6］李林蔚，张璐，李晓峰.中国与"21世纪海上丝绸之路"沿线地区农产品贸易结构分析［J］.经济问题探索，2022（12）：169.

［7］王玉娟，闫文仙.南京国民政府南洋华侨人口总登记历程及其述评［J］.华侨华人历史，2023（4）：78.

［8］李富强，马君红，唐春松.铜鼓文化的传播、传承与海上丝绸之路［J］.社会科学家，2022（6）：143.

［9］沈立新，徐阳，杨琴.海上丝绸之路沿线港口发展对经济增长的空间溢出效应［J］.大连海事大学学报，2022（1）：43.

［10］高伟浓.晚清东南亚地区海上丝绸之路与华商群体［J］.东南亚纵横，2021（4）：16.

［11］杨泽伟.论"海洋命运共同体"理念与"21世纪海上丝绸之路"建设的交互影响［J］.大连海事大学学报，2022（1）：43.

［12］王婷婷，向艳.新时代高校校园文化育人的逻辑机理及路径优化［J］.江苏高教，2024（1）：86.

［13］舒立春.推进校园文化提能增效 着力培养时代新人［J］.中国高等教育，2023（Z3）：8.

［14］任初明，徐延宇，付清香.基于学生视角的大学校园文化认同调查［J］.教育理论与实践，2022（36）：9.

［15］李宏刚.以社会主义核心价值观引领高校校园文化建设的逻辑理路［J］.江苏大学学报（社会科学版），2022（5）：26.

［16］张英琦.新时代校园文化建设路径探索——评《校园文化建设的理论与实践》［J］.中国教育学刊，2022（7）：120.

［17］朱忆天，李莉.社会主义核心价值观视域下高校校园文化建设路径探析［J］.学校党建与思想政治教育，2022（10）：72.

［18］陈娟，刘鸿畅.论高校学生校园文化环境的分层及互动融合

[J].思想政治教育研究,2021（12）：151.

[19] 李计伟.南洋华侨的祖语传承：应变与植根[J].云南师范大学学报（哲学社会科学版），2023（1）：56.

[20] 崔孝彬.华侨华人参与传播中华文化的认知逻辑[J].华侨华人历史研究，2022（4）：30.

[21] 鞠华莹，李光辉.建设21世纪海上丝绸之路的思考[J].国际经济合作，2014（9）：55.

[22] 张林，刘霄云.异质性、外部性视角下21世纪海上丝绸之路的战略研究[J].国际贸易问题，2015（3）：44.

[23] 傅梦孜，楼春豪.关于21世纪海上丝绸之路建设的若干思考[J].现代国际关系，2015（3）：1.

[24] 张勇.略论21世纪海上丝绸之路的国家发展战略意义[J].中国海洋大学学报，2014（5）：13.

[25] 刘赐贵.发展海洋合作伙伴关系推进21世纪海上丝绸之路建设的若干思考[J].国际问题研究，2014（4）：2.

[26] 蔡春林.新兴经济体参与新丝绸之路建设的策略研究[J].国际贸易，2014（5）：25.

[27] 李靖宇，张晨瑶.中俄两国合作开拓21世纪东北方向海上丝绸之路的战略构想[J].东北亚论坛，2015（3）：75.

[28] 吴崇伯.福建构建21世纪海上丝绸之路战略的优势、挑战与对策[J].亚太经济，2014（6）：109.

[29] 尹仑.21世纪海上丝绸之路与"环印度洋战略"研究[J].学术探索，2015（5）：31.

[30] 全毅.21世纪海上丝绸之路的战略构想与建设方略[J].国际经济合作，2014（8）：4.

[31] 袁新涛.丝绸之路经济带建设和21世纪海上丝绸之路建设的国家战略分析[J].东南亚纵横，2014（8）：3.

[32] 陈伟光.论21世纪海上丝绸之路合作机制的联动[J].国际经贸探索，2015（3）：72.

[33] 张耀灿.推进思想政治教育研究范式的人学转换[J].思想政治

教育研究，2010（7）：3.

[34] 邱琳.思想政治教育的人学视野［J］.思想政治教育研究，2010（1）：66.

[35] 张轩.思想政治教育是人的生存方式之一［J］.思想政治教育研究，2010（2）：40.

[36] 傅俊卫.网络文化对高校校园文化的影响及应对策略［J］.教育探索，2011（3）：97.

[37] 易丹妮.论生活德育的理论依据［J］.思想政治教育研究，2010（1）：117.

[38] 黄娜娜.大学生网络思想政治教育生活化模式探析［J］.当代教育理论与实践，2010（2）：70.

[39] 卿秦.校园文化建设与思想政治教育探析［J］.学校党建与思想政治教育，2011（1）：53.

[40] 蔡红生.正确处理大学校园文化建设中的几个关系［J］.高校理论战线，2010（11）：41.

[41] 任志锋.思想政治教育跨文化研究方法论刍议［J］.思想政治教育研究，2016（2）：18.

[42] 岳宗德.在大学生思想政治教育中加强传统文化教育探析［J］.思想政治教育研究，2016（1）：97.

[43] 曲建武，谭月明.增强思想政治理论课育人实效的"三个重要"的立论［J］.思想理论教育导刊，2015（1）：97.

[44] 魏志江，李策.论中国丝绸之路学科理论体系的构建［J］.新疆师范大学学报（哲学社会科学版），2016（2）：1.

[45] 林春玲，吴立明.高校思想政治理论课中融入孝文化教育的探索［J］.思想政治教育研究，2014（5）：36.

[46] 杨汉民.思想政治理论课要与传统文化紧密结合［J］.中共山西省委党校学报，2013，（2）：120.

[47] 张亚群.科举学研究的当代价值［J］.厦门大学学报（哲学社会科学版），2008（5）：78.

[48] 刘海峰."科举学"研究与教育考试改革［J］.山东师范大学报

（人文社会科学版），2001（4）：3.

[49] 俞钢.唐代制举的形成及其特点［J］.上海师范大学学报（哲学社会科学版），2005（5）：91.

[50] 许友根.唐代科举科目考述［J］.海南大学学报人文社会科学版，2001（9）：15.

[51] 罗立祝.从考试科目与内容看"科举学"的广博性［J］.中国地质大学学报（社会科学版），2005（9）：11.

[52] 姜传松，李晶.科举终结的原因及其启示——考试与教育的视角［J］.教育与考试，2007（1）：61.

[53] 郑若玲.科举启示录——考试与教育的关系［J］.清华大学教育研究，1999（2）：12.

[54] 郑若玲.科举学：考试历史的现实观照［J］.厦门大学学报（哲学社会科学版），2000（4）：90.

[55] 张天雪，盛静茹.我国高校自主招生的实践模式［J］.清华大学教育研究，2014（12）：35.

[56] 刘海峰.高考改革的突破口：自主招生的一个制度设计［J］.中国高等教育，2011（9）：43.

[57] 万圆.同构异质：高考与科举差异论［J］.考试研究，2011（2）：25.

三、学位论文类

[1] 牙韩高.高校学生社团管理中领导方式与领导效能研究［D］.成都：西南交通大学，2008.

[2] 李咏梅.新时期高校意识的控制研究［D］.苏州：苏州大学，2009.

[3] 李纪元.当代大学生社会主义核心价值观培育研究［D］.济南：山东师范大学，2010.

[4] 佘双好.当代中国文化保守主义思潮及其对大学生的影响研究［D］.武汉：武汉大学，2011.

[5] 韩国顺.以社会主义核心价值体系引领大学生思想政治教育研究[D].长春：吉林大学，2011.

[6] 张宏赋.中国高校人文素质教育研究[D].大连：大连海事大学，2012.

[7] 刘薇.高校校园文化建设与思想政治教育互动研究[D].沈阳：辽宁大学，2012.

[8] 刘峥.大学生认同与践行社会主义核心价值观研究[D].长沙：中南大学，2012.

[9] 高玉怀.校园文化建设中关于边缘文化问题的分析及对策研究[D].长春：长春工业大学，2010.

[10] 李燕军.用社会主义核心价值体系引领高校校园文化建设研究[D].北京：北京交通大学，2010.

[11] 覃业柏.以社会主义核心价值体系引领高校校园文化建设研究[D].桂林：广西师范学院，2011.